中国式现代化研究院
National Academy of
Chinese Modernization

# 中国式现代化研究

## Journal of Chinese Modernization Studies

**01** | **2025**
总第1辑

社会科学文献出版社
SOCIAL SCIENCES ACADEMIC PRESS (CHINA)

# 中国式现代化研究

主　　　编：张冠梓

副　主　编：林建华　李晓华　罗　婧（执行）

编辑部主任：罗　婧

编　　　辑：张书琬　赵晓航　郭云蔚

# 中国式现代化研究

2025 年 6 月创刊　　　　半年刊　　　　第 1 辑　　　1/2025

# 目 录

# Journal of Chinese Modernization Studies

Founded in June 2025      Semiyearly      Vol. 1      **1**/2025

## Contents

# 论推进中国式现代化与构建人类命运共同体的内在统一

吴志成　　刘培东

**摘　要：**国家治理是全球治理的基础，全球治理深刻影响着国家治理，两者本质上是相互联系贯通的统一体。但是，当今时代，国家治理与全球治理的良性互动并未自动形成，由两者需求不对称引发的对立不断加剧治理赤字。面对如何促进国家治理与全球治理良性互动的时代命题，中国坚持胸怀天下，将国家治理与全球治理统一于服务人类进步事业的实践中，坚持推进中国式现代化与构建人类命运共同体的内在统一。推进中国式现代化是国家治理的重要目标，构建人类命运共同体是完善全球治理的中国方案，中国将推动构建人类命运共同体作为中国式现代化的本质要求之一，为国家治理赋予崇高使命，并以中国式现代化的实践成就推动构建人类命运共同体走深走实，为促进全球善治贡献中国智慧和中国力量。

**关键词：**中国式现代化；人类命运共同体；全球治理；国家治理

伴随全球化的深度调整和现代化的加速推进，国内问题的全球扩散与全球问题的国内渗透相互交织，国家治理与全球治理日益成为相互联系贯通的统一体。但是，由于治理主体不断增多，治理需求更加多元，国家利益与全球治理议程存在差异，国家治理与全球治理的良性互动也并非客观现实。特别是当今世界进入新的动荡变革期，孤立主义和保守主义回潮，单边主义和保护主义多发，以个体利益安排全球多边机制的"本国优先"、以自身安全牺牲别国安全的"绝对安全"、以本国发展破坏全球合作的"小院高墙"，严重撕裂了国家治理与全球治理之间的共生关系，加剧了一些国家的国家治理失能与一些领域的全球治理失效。中国坚持胸怀天下，科学统筹自身发展与人类进步、国家治理与全球治理的辩证关系，将推进中国式现代化与构建人类命运共同体统一于为人类进步事业而奋斗的实践中，为实现中华民族伟大复兴营造良好的国际环境，为破解国家治理失能、共建美好世界贡献中国智慧和中国力量。

# 一　统筹国家治理与全球治理的辩证关系

国家治理的核心在于实现政府主导下的公共利益最大化①，全球治理的实质则是国际社会以集体行动应对共同挑战。伴随人类历史由民族区域史转向世界历史的潮流趋势，全球化成为贯通国家治理与全球治理的"催化剂"，不同问题领域、不同地理层级的有效治理都离不开国内与国际的有效互动。但是，在本国利益与全球公益、绝对收益与相对收益、短期目标与长远目标的博弈中，面对异质性主体的多样诉求，面对国际制度对主权自主性的削弱，国家对全球治理的需求呈现有条件的工具性特征，国家行为取向个体性与全球治理目标整体性的矛盾成为集体行动艰难的潜在因素。究其本质，在命运与共的"地球村"时代，任何国家都无法退回到相互隔绝的孤立状态，全球治理必须依靠多元主体的互动合作。只有以整体主义思维取代二元对立的冲突叙事，以合作共赢理念取代零和博弈规则，才是统筹国家治理与全球治理辩证关系的理性选择。"当今世界是一荣俱荣、一损俱损的命运共同体。各国人民企盼的，不是'新冷战'，不是'小圈子'，而是一个持久和平、普遍安全的世界，一个共同繁荣、开放包容、清洁美丽的世界。这是历史前进的逻辑、时代发展的潮流。"②

## （一）国家治理与全球治理的协调互动

全球治理依赖国家参与的合法性与执行力，能够增强国家治理的能力和有效性，进而造就了由国家主导与推动的全球治理。③全球治理和国家治理犹如世界

① 陈志敏：《国家治理、全球治理与世界秩序建构》，《中国社会科学》2016 年第 6 期。
② 习近平：《深化团结合作 应对风险挑战 共建更加美好的世界——在 2023 年金砖国家工商论坛闭幕式上的致辞》，《人民日报》2023 年 8 月 23 日，第 2 版。
③ 吴志成、何睿：《国家有限权力与全球有效治理》，《世界经济与政治》2013 年第 12 期。

发展的两大车轮，既相互依存又彼此制约。国家治理为全球治理奠定坚实基础，全球治理深刻影响着国家治理，两者不仅体现为利益的协同与博弈，也体现为在全球化进程中相互调整与相互适应的动态平衡。

第一，国家治理是全球治理的基础。全球治理根植于国家治理，有赖于国家治理的认可与合作。一方面，国家治理能力直接影响全球治理效力。[①] 全球治理议程只有转化为国内政策才能发挥效力，有效的国家治理能够阻断全球性问题的国内外传播途径，从问题源头和行动末端增强全球治理的合法性与实际成效。另一方面，主权国家是国际关系最重要的行为体，也是全球治理的关键施动者，以国家为中心的治理模式在全球治理中占据中心地位。伴随国家权力的转移与扩散，国家不再是世界舞台上的唯一主角，越来越多的非国家行为体直接参与并对全球治理施加影响。但是，国家不会很快为其他组织所取代，也不会失去其在全球的主导作用[②]，主权国家和政府间组织依然是处理全球问题的主要行为体。可以说，当今时代，国家依然是全球治理的主要行为体和合法运用权力保证各项国际协议有效执行的核心机构。[③]

第二，全球治理为国家治理提供外部助力。基于合作治理全球问题的需要，全球治理从价值、理念、机制、主体等方面增强了国家治理的主导力与有效性。具体来说，全球治理实践开阔了人们的时空视野，拓展了国家活动领域，为塑造全球性观念创造了客观环境和前提条件。现行的普遍性国际机制和规则作为全球治理的重要依托，成为国家政策制定和议程选择的重要考量因素。同时，国家通过赋予多层级、多主体治理以合法性，吸引更多行为体与社会资源参与全球治理，缓解国家在一些具体领域信息滞后、资源不足的压力，促进不同治理主体之间的相互理解与合作。由于当代国家治理处于全球治理的背景下，所以缺乏全球关怀和世界视野的国家治理，既不符合全球化演进规律和世界发展潮流，也难以保持持久的国家秩序和社会稳定，更不可能实现真正的治理现代化。[④]

① 蔡拓：《全球治理与国家治理：当代中国两大战略考量》，《中国社会科学》2016 年第 6 期。
② Joseph S. Nye and John D. Donahue, eds., *Governance in a Globalizing World*, Washington, D. C.：Brookings Institution Press，2000，p. 12.
③ Sylvia Bawa, "Autonomy and Policy Independence in Africa：A Review of NGO Development Challenges," *Development in Practice*, Vol. 23, No. 4, 2013, pp. 526-536.
④ 吴志成：《全球治理对国家治理的影响》，《中国社会科学》2016 年第 6 期。

第三，国家治理与全球治理相互制约。随着全球化的深化和全球相互依存性的增强，全球治理与国家治理的协调互动愈加频繁。但是，全球治理与国家治理的目标、议程并不一致，两者相互促进的良性互动并未自动形成。全球治理具有普遍性、包容性、同质性和弱政治性，强调人类整体命运与利益的休戚与共。在全球治理的共同目标下，各国参与全球治理的方式多种多样，国家之间必须求同存异、协调合作。而国家治理则表现出鲜明的国别特殊性、自主性、异质性和政治性，各国自主选择本国治理方式，并不必然要求与他国一致。国家行为取向个体性与全球治理目标整体性相互博弈，对全球治理集体行动产生重要制约作用。探索强化全球治理与国家治理良性互动的方案，成为全球化时代实现有效全球治理的关键。

### （二）全球治理与国家治理互动的现实制约

随着全球性问题的日益凸显，越来越多的国际行为体参与全球治理，但有效全球治理并非现实。在全球治理实践中，国家既是最重要的治理主体，也被视为充满问题的治理对象，国家治理能力的不对称问题长期存在。全球治理有赖于国家为其提供合法性与执行力，然而"俱乐部式"的治理机制迫使国家寻求更有效的方式维护自身利益。国家与治理之间需求的不对称，导致国家对治理的态度多变，并阻碍全球治理的实现。[①] 特别是在世界百年变局加速演进时期，少数国家以个体权力凌驾全球治理进程，以阵营对抗的冷战模式撕裂集体行动共识，治理目标的公共性与议程设置的私利性相互冲突，全球治理实践在一些国家对权力的无限追求中遭遇停滞甚至倒退的风险。

第一，国家治理能力的不对称问题长期存在，治理行动的供需失衡问题突出。治理概念是国际社会针对部分国家的发展困境而提出的。国家治理能力在空间与意愿上的不对称分布始终是阻碍国家治理与全球治理良性互动的重要问题。一方面，全球性问题与国家治理能力不对称问题长期存在。治理能力较弱的发展中国家长期处于贫困、饥饿、动荡、恐怖主义等全球性问题的"重灾区"，国家治理赤字与全球治理失效的相互交织不断加深全球性问题的严峻程度。另一方面，国家治理意愿与人类社会的实际需要不对称问题长期存在。在国家治理的议

---

程设置与能力分配过程中，部分发达国家对于气候变暖、生态破坏等事关人类存亡的紧迫问题缺乏诚意，在核武器、太空武器等并非国民所急迫需要的领域却"超常"发展①，这种供需错配进一步导致"治理失败"。

第二，"俱乐部式"的治理机制愈加凸显，严重撕裂全球治理共识。"俱乐部式"的治理机制是由特定国家作为会员国的国际机制，是第二次世界大战后国际合作的主要实现形式。② 在这一治理机制下，参与治理的主体限制在特定国家和政治精英，非国家行为体和社会大众被排除在治理议程之外。客观地讲，一定的准入限制保证了决策效率，在国家控制能力更强和全球性问题尚不足虑的时期，这一机制成为主要跨国治理机制的基础。但是，伴随政治多极化、经济全球化、跨国问题频发，"俱乐部式"的治理机制暴露出明显弊端，成员代表性不足、机制内公平性欠缺、机制间协调性不够等问题愈加严峻，进一步加深了国家行为体与非国家行为体、政治精英与社会大众间的隔阂。

第三，不同领域的全球性问题复杂严峻，国家中心主义强势回潮。近年来，全球性问题和挑战井喷式爆发，从乌克兰危机延宕难解、巴以冲突和黎以冲突不断外溢到朝鲜半岛紧张局势加剧、印巴冲突再起，从地表温度接近警戒线、全球可持续发展议程远未达标到人工智能失控性危险加剧，从经济全球化遭遇逆流、核战争威胁系数上升到网络安全问题、金融风险加剧，全球性问题因严峻性、复杂性而严重危及人类的生存与发展。同时，生成式人工智能、太空探索等技术迭代远超现有治理议程的能力范围，不断扩大的规则真空带来更为严重的治理赤字。面对复杂严峻的全球性问题，在全球主义与国家主义的角力中，民粹主义、极端民族主义和文化保守主义思潮趁势崛起，逆全球化、反全球化与个别国家单边主义、保护主义行为多发，经济问题的泛政治化与泛安全化倾向加剧，全球开放合作面临退回隔绝孤立状态的风险，国家治理与全球治理面临更大压力。

第四，大国博弈竞争激烈，治理行为的武器化、工具化倾向加剧。进入新的动荡变革期，部分西方国家对战争冲突的错误历史认知与党派竞争的现实政治需求，导致国际斗争形势的严峻性与紧迫性日益凸显，国家间利益矛盾和冲突加

---

① 刘贞晔：《全球治理与国家治理互动的理论要义及现实出路》，《国际观察》2024 年第 4 期。
② 罗伯特·O. 基欧汉：《局部全球化世界中的自由主义、权力与治理》，门洪华译，北京大学出版社，2004，第 249~250 页。

剧，大国博弈在全球范围内多点发生。从5G通信、半导体、高端芯片到量子计算、人工智能，从贸易摩擦到金融摩擦，不同治理议题的泛政治化与泛安全化倾向更加明显，治理行为的武器化、工具化倾向加剧。"修昔底德陷阱""大国政治悲剧""新冷战"等冲突性话语叙事广泛传播，"小院高墙""脱钩断链""去风险化"等单边主义行径多发，应对国内国际问题的治理努力被"标签化""污名化"为意识形态竞争，大国博弈的负面溢出效应严重降低全球治理效能。

### （三）以胸怀天下统筹国家治理与全球治理的辩证关系

全球化与现代化的深入给国家治理行为带来复杂影响，迫切需要探索国家治理与全球治理协同融合的包容性框架，引导国家主导的全球治理走出低效失能困境。中国立足全球化时代人类依存共生的整体主义视角，在推进国家治理体系和治理能力现代化的基础上，以推动构建人类命运共同体引领全球治理，以"同球共济"精神构建更具包容性与实效性的合作框架，为统筹国家治理与全球治理的辩证关系贡献中国智慧。

第一，以中国式现代化筑牢国家治理根基。国家治理是全球治理的基础，推进国家治理体系和治理能力现代化是推进中国式现代化的重要组成部分。以资本为中心的西方现代化注重经济结构在治理议程中的核心作用，以经济统摄政治、文化、社会、生态结构，带来贫富两极分化、物欲利益至上等不公平不公正问题。中国式现代化剥离经济之于发展的超然属性，强调物质文明与精神文明、人与自然、效率与公平的协调平衡，通过不同要素的统筹协调增强国家治理的协同性和持续性，构建中国特色的国家治理体系。这一治理体系以共建共治共享的社会治理新格局优化了政府治理、社会调节与居民自治的互动关系，以人人有责、人人尽责、人人享有的社会治理共同体增强了社会关系的和谐性，凝聚了社会发展的最大合力，不仅摆脱了西方以资本为中心、贫富两极分化的传统治理路径，更通过系统性、整体性治理思维筑牢国家治理根基，为优化国家治理体系、促进全面均衡发展提供了中国经验。

第二，以人类命运共同体理念引领全球治理方向。构建人类命运共同体既是新时代中国特色大国外交追求的崇高目标，也是契合人类社会未来发展蓝图的构想。面对一些国家鼓噪大国竞争和冷战对抗的霸权行径，中国式现代化始终坚持人民幸福、民族复兴与人类进步、世界大同的初心使命，推动构建人类命运共同体，彰显了协同推进中国发展与世界发展的大国担当。构建人类命运共同体坚持胸怀天下的人类情怀，倡导各国共商共建共享，以超越社会制度差异、意识形态分歧与发展阶段差别的共同体意识凝聚全球发展共识，促进了现代化过程中国家治理与全球治理的有效贯通，成为共建人类美好未来的中国方案。在习近平外交思想的指引下，人类命运共同体理念形成了内涵丰富、体系完善、体用贯通、逻辑统一的科学体系，从努力目标、实现路径、普遍遵循、基本支撑到战略引领、实践平台，从夯基垒台、立梁架柱到积厚成势、全面发展，构建人类命运共同体已经展现出解答时代之问、破解时代难题、引领时代发展的真理力量与实践伟力。

第三，以"同球共济"精神构建具有包容性的全球治理合作框架。在资本逐利全球的历史进程中，西方现代化以资本无限增值服务特定少数人为核心，造就了发达的西方与贫困的非西方、富裕的资产阶级与贫穷的无产者。特别是近年来，狭隘的国家利益至上理念强势回潮，"退群废约""脱钩断链""小院高墙"等单边私利行为频发，全球共享发展面临严峻挑战。中国立足个体发展与合作共赢的辩证关系，将国家利益与国际道义、本国利益与他国利益有机结合，以"同球共济"精神构建具有包容性的全球治理合作框架，以国际合作发展公利驱散个体主义阴霾，以合作共赢的普惠性发展建设共同繁荣的世界，让各国人民在开放合作中分享发展机会与成果，在谋求本国发展中促进共同繁荣和发展。"一带一路"倡议、全球发展倡议等中国方案将准入门槛的开放性、规则规范的共商性与发展成果的共享性置于重要位置，已经成为在国际社会广受欢迎的国际公共产品。

## 二　推动构建人类命运共同体是中国式现代化的本质要求之一

推动构建人类命运共同体是促进全球发展、共建美好世界的必由之路，也是中国式现代化的本质要求之一。① 推动构建人类命运共同体，既要坚持以中国式现代化促进世界繁荣和人类进步，又要在世界各国繁荣发展中全面推进中国式现

① 习近平：《高举中国特色社会主义伟大旗帜 为全面建设社会主义现代化国家而团结奋斗——在中国共产党第二十次全国代表大会上的报告》，人民出版社，2022，第23~24页。

代化。这顺应了全球化时代各国依存共生的时代要求，传承了中华民族胸怀天下的文明基因，不仅彰显了中国共产党为人类谋进步、为世界谋大同的使命担当，也展现了中国式现代化坚持走和平发展道路的鲜明特征。

第一，顺应全球化时代各国依存共生的时代要求。冷战结束以来，世界历史以全球一体化的客观现实加速向前推进，无论是遍布全球的产业链和供应链，还是客观形成的分工体系与贸易联系，命运与共早已成为各国发展的外部条件。推动全球发展必须正视这种命运与共的客观现实，塑造并强化建立在命运与共基础上的认知共同体与实践共同体。[1] 面对全球性问题和挑战日益多发、全球化与现代化负面效应不断涌现，中国立足各国依存共生的时代要求，明确将推动构建人类命运共同体作为中国式现代化的本质要求之一，既是对人类共同命运的积极回应，也有助于为全面推进中国式现代化营造良好的外部环境。推动构建人类命运共同体立足人类命运与共的整体性共识和包容性特征，将共同繁荣视为美好世界的核心，把发展置于国际议程的突出位置，从政治、安全、经济、文化和生态五个方面擘画全球合作发展的宏伟蓝图，体现了对人类未来的深刻思考和人文关怀。[2]

第二，传承中华民族胸怀天下的文明基因。中华文明赋予中国式现代化以深厚底蕴，中国式现代化的实现样态与实践要求根植于中华民族的文明传承。中国式现代化将推动构建人类命运共同体作为本质要求之一，体现了中华优秀传统文化中互利共济、携手共进的整体性理念，彰显了中华文明胸怀天下、立己达人的共赢特征。"天下"是一个集地理学、心理学和政治学三重意义世界于一体的概念，它将世界先验地预设为只有内部性而没有外部性的整体性存在[3]，消解了外部空间概念和他者的存在，旨在建构崇尚世界一体的共赢性身份文化认同。天下一家的世界观超越了个人主义价值观主导下的争乱倾向，在世界观维度阐明了中国与外部世界的共生性关系，体现了中华民族胸怀天下的文明基因。这一世界观

---

① 乌尔里希·贝克：《"9·11"事件后的全球风险社会》，王武龙译，《马克思主义与现实》2004 年第 2 期。

② 吴志成：《为世界和平发展传播中国思想智慧》，载姜锋、史明德、杨洁勉、吴志成、任晓、金天栋《习近平外交思想国际传播的意义、机遇与挑战》，《国际观察》2022 年第 2 期。

③ 赵汀阳：《天下体系——世界制度哲学导论》，中国人民大学出版社，2011，第 10 页。

所描绘的"天下大同""协和万邦"的美好愿景，凸显了"群体高于个人""和谐高于冲突"的整体性价值①，也寄托了中华民族对家国天下、共赢共生的探索追求。在家国天下逻辑统摄下的群体关系依照家庭关系向外延展，超越了地理意义的固定边界和生理意义的族群差异，成为个体发展的逻辑延伸与实践要求。

第三，彰显中国共产党为人类谋进步、为世界谋大同的使命担当。当今时代是政党政治时代。现代化与政党的有效互动塑造了世界现代化的不同模式。政党既是现代化进程开启与加速的重要推动力，也是决定现代化道路选择的关键行为体。② 作为现代政治体系的基本构成部分与关键力量，政党的价值理念、领导水平、治理能力、精神风貌、意志品质直接关系现代化的前途命运。中国共产党的性质宗旨、初心使命决定了中国式现代化必然具备胸怀天下的宏阔视野与责任担当。建党百余年来，中国共产党在中国革命、建设和改革的不同时期，始终把为人民谋幸福、为人类谋进步作为奋斗目标，始终以世界眼光思考中国发展与人类进步事业，勇毅担当促进民族振兴与人类进步的现代化使命，为中国式现代化锻造了坚强领导核心。党的十八大以来，面对"世界怎么了、我们怎么办"这一时代命题，以习近平同志为核心的党中央科学把握人类社会相互依存的时代特征，提出推动构建人类命运共同体，赋予中国式现代化崇高的使命，致力于促进世界和平发展、积极参与和引领全球治理。以整体性共识和包容性特征超越时空范围、问题领域与政治制度，将理念共同体、目标共同体、利益共同体、责任共同体、行动共同体融为一体③，彰显了中国共产党为人类进步事业奋斗的使命担当。

第四，展现中国式现代化坚持走和平发展道路的鲜明特征。中国式现代化将推动构建人类命运共同体作为本质要求之一，既是中华文明和平性的时代表达，也是中国式现代化坚持走和平发展道路的重要体现。资本驱动的世界建立在二元对立、弱肉强食的丛林法则基础上，强权霸道成为西方掌控世界的行为法则，使得世界政治长期难以打破战争冲突的悲剧循环。中国式现代化坚持走和平发展的

---

① 陈来：《中华文明的核心价值：国学流变与传统价值观》，生活·读书·新知三联书店，2015，第54~56页。

② 戴维·E.阿普特：《现代化的政治》（第2版），陈尧译，上海人民出版社，2016，第136页。

③ 吴志成：《积极参与全球治理的中国视角》，《国外社会科学》2021年第5期。

现代化之路，通过合作共赢推动中国与世界的共同发展。近代中国在遭受帝国主义列强殖民掠夺的艰难境遇中开启现代化的探索征程，正是有过屡遭外敌入侵的悲惨经历，中国从不认同弱肉强食的丛林法则。中华人民共和国成立以来，我们坚定奉行独立自主的和平外交政策，坚决反对霸权主义与强权政治，走和平发展道路成为中国式现代化的突出特征。从和平共处五项原则、和平与发展的时代主题、和谐世界理念到构建人类命运共同体，中国始终倡导以主权平等建立共生共存的全球伙伴关系，以合作共赢引领国与国和平交往新实践，以扩大利益交汇点实现国际社会的和谐共存，致力于促进世界持久和平。

### 三　以中国式现代化推动构建人类命运共同体走深走实

"构建命运共同体是人类的共同梦想，现代化是梦想连接现实的必由之路。"[①] 在百年变局加速演进时期，中国始终坚持为人类谋进步、为世界谋大同的使命担当，立足自身打基础、放眼全球担责任，以全面推进中国式现代化的实践伟力，不断为构建人类命运共同体注入强劲动能。

第一，从"全体人民共同富裕的现代化"到"共同繁荣的世界"，中国式现代化为推动全球普惠包容发展贡献中国力量。人既是世界历史的主体和社会财富的创造者，也是实现现代化的决定性力量。无论是单个国家的发展，还是世界经济的繁荣，实现普惠包容都是社会共同体有序发展的重要保障。但是，资本主导下的全球化与现代化带来了严重的发展失衡问题，贫富差距、发展鸿沟等经济全球化"副产品"在国际、国家和国内等不同层面均有所显现。根据世界银行的报告，高低收入国家的人均财富比从1995年的83∶1扩大到2018年的89∶1，全球发展的普惠性和共享性严重不足。[②] 中国式现代化始终坚守人民至上的根本指向，将全体人民共同富裕视为核心要旨，持续深化收入分配制度改革，以初次分配、再分配和第三次分配相结合的分配制度体系正确处理经济增长与收入分配的关系，人民群众获得感、幸福感与安全感不断增强。通过持续精准的扶贫行动，

---

① 习近平：《在2024年中非合作论坛北京峰会欢迎宴会上的祝酒辞》，《人民日报》2024年9月5日，第3版。

② World Bank, *The Changing Wealth of Nations 2021: Managing Assets for the Future*, Washington, DC: World Bank, 2021, pp.60–65.

现行标准下 9899 万农村贫困人口全部脱贫，832 个贫困县全部摘帽，12.8 万个贫困村全部出列，完成消除绝对贫困的艰巨任务。[①] 中国减贫人口占同期全球减贫人口的 70% 以上，提前完成联合国《2030 年可持续发展议程》中的减贫目标，不仅创造了中华民族发展史上的奇迹，也为人类减贫事业作出了巨大贡献。在全球层面，中国提出并践行全球发展倡议，发起成立亚洲基础设施投资银行、金砖国家新开发银行和丝路基金，通过发展进程的协同增效与发展战略的有效对接，致力于促进各国凝聚全球发展共识，分享全球发展经验，开展全球发展合作，破解全球发展困局。截至 2024 年 9 月，已有超过 100 个国家和多个国际组织支持中国提出的全球发展倡议，80 多个国家加入中国发起成立的"全球发展倡议之友小组"，创新建立吸引超 1000 个项目的全球发展项目库，在 60 多个国家实施 140 多个三方合作项目。[②]

　　第二，从"物质文明和精神文明相协调的现代化"到"开放包容的世界"，中国式现代化为促进人类文明交流互鉴提供中国方案。现代化是将现代性所特有的经济、政治、社会与文化等特征赋予特定社会的大规模综合性变迁与发展过程的系统集合[③]，其要义在于社会各领域的全面协调发展。但是，西方现代化将资本增值视为唯一目标，引发主体的人和客体的物的倒置、物质结构与精神结构的全面失衡。以资本为中心的行为逻辑投射到国家间交往领域，多元文明被西方定义的标准划分为不同层级，"文明开化使命"成为殖民掠夺的天然装饰，"三角贸易""枪炮外交"等充满血腥暴力的交往实践将资本主义文明交往的破坏性暴露无遗。纵观人类社会发展历史，文明多样性既是人类社会演进的基本特征，也是推动人类文明前进的动力。面对资本逻辑衍生的社会问题，中国式现代化以人民至上剥离物的超然性地位，将物的现代化置于人的现代化之中，把人民的物质生活需求与精神生活需要视为现代化的重要内容，以物质文明和精神文明的统筹协调来增强现代化的协同性和持续性。近年来，中国持续推动文化事业和文化产业

---

①　中华人民共和国国务院新闻办公室：《人类减贫的中国实践》，《人民日报》2021 年 4 月 7 日，第 9 版。

②　李安琪：《持续推进全球发展倡议走深走实》，《人民日报》2024 年 9 月 22 日，第 4 版。

③　艾伯特·马蒂内利：《全球现代化——重思现代性事业》，李国武译，商务印书馆，2010，第 8 页。

繁荣发展，建立健全文化服务设施网络体系，以多元化的文化供给满足人民多样化的精神文化需求，助力人民实现真正的全面发展。中国提出全球文明倡议，以四个"共同倡导"阐明文明交流互鉴的总体目标、价值遵循、基本原则、深层动力与实践路径等基础性问题，回应了"文明冲突论""文明优越论"的虚伪论调，为促进人类文明发展进步、共建开放包容世界贡献了中国智慧。① 从亚洲文明对话大会、中国共产党与世界政党高层对话会、文明交流互鉴对话会常态化举办到旅游年、文化节、青年艺术节融通中外，从"感知中国""欢乐春节""文化中国"等文化交流活动在全球掀起"中国热"到共建"一带一路"成为推动国际人文交流的合作共赢之路，从连续出台免签政策、简化入境手续等措施到推动联合国大会设立文明对话国际日，中国以实际行动推动文明交流互鉴、促进人类文明进步。

第三，从"人与自然和谐共生的现代化"到"清洁美丽的世界"，中国式现代化展现中国推动全球可持续发展的大国担当。绿色发展是中国式现代化的鲜明标识，建设清洁美丽的世界是推动构建人类命运共同体的目标之一，中国式现代化的全面推进必将为全球可持续发展注入更强动力。人与自然的关系贯穿人类社会发展始终，文明兴衰在很大程度上取决于人与自然的相处之道。但是，在资本引领发展的过程中，人与自然的共生关系被资本主导一切的极端理念所取代，人与自然关系的失调对生态环境具有极强的破坏性，实现人与自然和谐相处成为决定人类社会生存发展的紧迫任务。党的十八大以来，中国倡导尊重自然、顺应自然、保护自然的理念，以创新、协调、绿色、开放、共享的新发展理念引领新型工业化道路，打破传统工业化道路对资本的盲目崇拜，积极参与全球生态治理，致力于推动中华民族永续发展和人类可持续发展，已经成为全球生态文明建设的重要参与者、贡献者和引领者。截至2024年12月，中国沙化土地面积净减少6500万亩，在全球率先实现土地退化"零增长"、荒漠化和沙化土地"双缩减"，中国森林覆盖率和森林蓄积量连续40年保持"双增长"，贡献了全球新增绿化面积的1/4。② 同时，中国在清洁低碳能源建设方面成绩显著，水电、风电、太阳能发电、生物质发电

---

① 刘培东、吴志成：《新时代中国共产党的全球文明观论析》，《太平洋学报》2024年第6期。

② 《防治荒漠化，中国书写新的成功故事》，《人民日报》2024年12月9日，第3版。

装机容量均居世界第一，建成全球规模最大的碳市场和清洁发电体系。① 中国还积极开展应对气候变化南南合作，向发展中国家提供力所能及的支持与帮助。截至 2024 年 10 月，中国已与 42 个发展中国家签署了 53 份气候变化南南合作谅解备忘录②，采取共建低碳示范区，援助光伏发电系统、环境监测设备等多种合作方式，极大增强了发展中国家应对气候变化的意愿与能力。

第四，从"走和平发展道路的现代化"到"持久和平、普遍安全的世界"，中国式现代化为促进世界和平稳定注入确定性力量。和平是人类永恒的追求，也是一切发展进步的前提。随着全球发展不稳定性、不确定性增强，地缘政治冲突长期难以解决，霸权主义、民粹主义、分裂主义、恐怖主义交织叠加，世界和平面临诸多严峻挑战。中国作为发展中大国和世界第二大经济体，坚持走和平发展道路是对世界和平、稳定与发展的重大贡献，和平发展的中国必将为动荡变革的国际局势带来确定性与稳定性。进入 21 世纪以来，中国陆续发布《中国的和平发展道路》《中国的和平发展》《新时代的中国国防》等系列白皮书，将和平发展写进党的十七大、十八大、十九大和二十大报告③，并写进《中国共产党章程》和《中华人民共和国宪法》，以党和国家根本大法的形式固定下来，向国际社会重申我国坚持走和平发展道路、坚决维护世界和平的坚强决心与强大意志。在国际层面，面对和平赤字愈加严峻的国际现实，中国积极推进国际和平事业，始终倡导以和平方式解决国际争端，为维护地区和平提供建设性方案，为促进世界和平作出重要贡献。中国自 1990 年参与联合国维和行动，至 2024 年，先后参加近 30 项联合国维和行动，累计派出维和官兵 5 万余名④，成为联合国第二大维和摊款国和会费国、安理会常任理事国第一大维和出兵国。面对全球安全治理的复杂严峻态势，中国提出并积极践行全球安全倡议，为世界各国指明了新型安全之路。从推动沙特阿拉伯和伊朗恢复外交关系到推动联合国安理会通过首份加沙

---

① 寇江泽：《让青山常在绿水长流空气常新》，《人民日报》2022 年 9 月 13 日，第 9 版。
② 刘慧：《"为全球气候治理作出积极贡献"》，《人民日报》2024 年 12 月 12 日，第 3 版。
③ 吴志成：《中国式现代化是走和平发展道路的现代化》，《马克思主义研究》2023 年第 10 期。
④ 冯春梅、金正波、李龙伊：《人民军队坚决听党指挥，把新时代强军事业不断推向前进——向着如期实现建军一百年奋斗目标冲锋》，《人民日报》2024 年 7 月 31 日，第 1 版。

停火决议、会同部分全球南方国家成立乌克兰危机"和平之友"小组，全球安全倡议对维护世界和平、人类安全的作用不断凸显。

# 四 结语

在全球化时代，国家治理与全球治理的协同与矛盾将长期交织存在，并成为影响人类社会未来走向的重要因素。面对当前逆全球化与反全球化思潮抬头的形势，面对部分国家治理失能引发的单边主义和保护主义行径，探索促进国家治理与全球治理良性互动的路径既很紧迫，也很有必要。和衷共济、和合共生是中华民族的历史基因，坚持胸怀天下是中国共产党百余年奋斗的重要历史经验，走和平发展道路是中国式现代化的鲜明特征和必然选择①，中国有能力、有信心、有经验、有底气为推动全球发展、共建美好世界贡献智慧和提供方案。党的十八大以来，中国坚持把自身发展置于人类发展的坐标系中，把中国人民利益同各国人民共同利益结合起来，在和平发展的潮流中推动发展，在合作共赢的旗帜下实现共赢。人类命运共同体理念、"一带一路"倡议、全球发展倡议、全球安全倡议、全球文明倡议等一系列中国方案落地生根，彰显了中国以"同球共济"精神、合作共赢理念、开放包容胸襟推动中国与世界良性互动的大国担当。在中国式现代化阔步前行的新征程上，中国将矢志不渝做世界和平的建设者、全球发展的贡献者、国际秩序的维护者、人类文明进步的促进者，既以中国式现代化建设新成就推动构建人类命运共同体走深走实，又以构建人类命运共同体实践新进展为中国式现代化建设营造良好国际环境，在中国与世界的双向奔赴中实现共建美好世界的人类愿景。

〔作者吴志成，中共中央党校（国家行政学院）国际战略研究院院长、教授；刘培东，华中师范大学马克思主义学院副研究员〕

（责任编辑：郭云蔚）

---

① 《走和平发展的人间正道——把前无古人的伟大事业不断推向前进⑤》，《人民日报》2024年10月9日，第3版。

# 精神动力：中国共产党人精神谱系与中国式现代化

郭　辉

**摘　要：** 中国共产党人精神谱系形成于中国共产党的历史发展进程，具有深刻而丰富的历史内涵，贯穿了中国式现代化的条件准备、实践探索、创新发展和全新拓展的各阶段。这一精神谱系是中国共产党团结全国各族人民推进中国式现代化的精神凝聚，为中国式现代化的持续推进提供了精神动力和力量源泉。这一精神谱系具有坚持真理的理论品格、与时俱进的实践品格、以人民为中心的人民性品格、不怕牺牲的革命品格。这些品格源于中国共产党人进行中国现代化建设的各个历史时期，也将继续服务于中国式现代化的持续推进。在中国共产党人精神谱系引领下，中国共产党带领全国各族人民发扬伟大创造精神、伟大奋斗精神、伟大团结精神、伟大梦想精神，投身于实现中国式现代化的宏伟目标。

**关键词：** 中国共产党人精神谱系；中国式现代化；精神动力

习近平总书记在党的二十大报告中提出："弘扬以伟大建党精神为源头的中国共产党人精神谱系，用好红色资源，深入开展社会主义核心价值观宣传教育，深化爱国主义、集体主义、社会主义教育，着力培养担当民族复兴大任的时代新人。"① 中国式现代化理论的概括提出及深入阐述是党的二十大的重大理论创新。

---

① 习近平：《高举中国特色社会主义伟大旗帜　为全面建设社会主义现代化国家而团结奋斗——在中国共产党第二十次全国代表大会上的报告》，《人民日报》2022 年 10 月 26 日，第 1 版。

伟大建党精神和中国式现代化同时出现于党的二十大报告，并非机缘巧合，而是因为两者间具有深刻的理论逻辑。党的二十大以"高举中国特色社会主义伟大旗帜，全面贯彻新时代中国特色社会主义思想，弘扬伟大建党精神，自信自强、守正创新，踔厉奋发、勇毅前行，为全面建设社会主义现代化国家、全面推进中华民族伟大复兴而团结奋斗"① 为主题，便道出了两者的重要关联。中国共产党人精神谱系是推进中国式现代化的精神动力。

学界以往研究多关注中国共产党人精神谱系与中国式现代化的互动关系，并阐发两者在理论层面的关联。本文从理论性研究转向历史性分析，在纵向上关注中国式现代化的历史发展历程，由此观察中国共产党人精神谱系在何种意义上是推进中国式现代化的精神动力。具体而言，本文从历史内涵、时代品格、价值意蕴三个层面理解中国共产党人精神谱系，其中，历史内涵指向中国共产党人精神谱系的形成，时代品格指向中国共产党人精神谱系的内涵，价值意蕴指向中国共产党人精神谱系的优势彰显，从而覆盖推进和实现中国式现代化的全过程，并为之提供强劲的精神动力。

## 一　历史内涵与中国式现代化进程

习近平总书记在提出"以伟大建党精神为源头的中国共产党人精神谱系"之前，已于2021年2月在党史学习教育动员大会上的讲话中有此表述："在一百年的非凡奋斗历程中，一代又一代中国共产党人顽强拼搏、不懈奋斗，涌现了一大批视死如归的革命烈士、一大批顽强奋斗的英雄人物、一大批忘我奉献的先进模范，形成了井冈山精神、长征精神、遵义会议精神、延安精神、西柏坡精神、红岩精神、抗美援朝精神、'两弹一星'精神、特区精神、抗洪精神、抗震救灾精神、抗疫精神等伟大精神，构筑起了中国共产党人的精神谱系。我们党之所以历经百年而风华正茂、饱经磨难而生生不息，就是凭着那么一股革命加拼命的强大精神。"② 习近平总书记通过列举诸种"伟大精神"，构筑中国共产党人的精神谱

---

① 习近平：《高举中国特色社会主义伟大旗帜　为全面建设社会主义现代化国家而团结奋斗——在中国共产党第二十次全国代表大会上的报告》，《人民日报》2022年10月26日，第1版。

② 习近平：《在党史学习教育动员大会上的讲话》，《求是》2021年第7期。

系。在庆祝中国共产党成立 100 周年大会上的讲话中，习近平总书记强调："一百年来，中国共产党弘扬伟大建党精神，在长期奋斗中构建起中国共产党人的精神谱系，锤炼出鲜明的政治品格。"① 中国共产党人精神谱系表述的提出正值中国共产党成立 100 周年之际，是对中国共产党百年奋斗史的概括与总结。换言之，中国共产党人精神谱系形成于中国共产党的历史发展进程，故涵括中国共产党在各个历史时期构筑的诸多伟大精神。

中国共产党百年奋斗的一个重要历史意义，便是"深刻影响了世界历史进程，党领导人民成功走出中国式现代化道路，创造了人类文明新形态，拓展了发展中国家走向现代化的途径"②。中国共产党人精神谱系在各个历史时期均为推进中国式现代化提供精神动力。2021 年 9 月，中共中央批准了中央宣传部梳理的第一批纳入中国共产党人精神谱系的伟大精神，共 46 种。就各个历史时期而言，伟大建党精神是中国共产党的精神之源；新民主主义革命时期包括井冈山精神、苏区精神、长征精神、遵义会议精神、延安精神、抗战精神、西柏坡精神等 16 种；社会主义革命和建设时期包括抗美援朝精神、"两弹一星"精神、雷锋精神、焦裕禄精神等 12 种；改革开放和社会主义现代化建设新时期包括改革开放精神、特区精神、抗洪精神、抗击"非典"精神等 9 种；中国特色社会主义新时代包括脱贫攻坚精神、抗疫精神、"三牛"精神、科学家精神等 8 种。中国共产党人精神谱系是中国共产党历史发展进程的产物，是中国共产党在各个历史时期为应对各种重大困难与挑战而锤炼出的伟大精神。其中，尤为重要的是作为中国共产党的精神之源的伟大建党精神。习近平总书记指出，中国共产党人精神谱系作为宝贵的精神财富，"集中体现了党的坚定信念、根本宗旨、优良作风，凝聚着中国共产党人艰苦奋斗、牺牲奉献、开拓进取的伟大品格，深深融入我们党、国家、民族、人民的血脉之中，为我们立党兴党强党提供了丰厚滋养"③。换言之，中国共产党人精神谱系具有深刻历史内涵，贯穿了中国式现代化的条件准备、实践

---

① 习近平：《在庆祝中国共产党成立 100 周年大会上的讲话》，《人民日报》2021 年 7 月 2 日，第 2 版。

② 鞠鹏、燕雁：《中共十九届六中全会在京举行》，《人民日报》2021 年 11 月 12 日，第 1 版。

③ 习近平：《在党史学习教育动员大会上的讲话》，《求是》2021 年第 7 期。

探索、创新发展和全新拓展的各阶段。

伟大建党精神作为中国共产党人精神谱系的源头，使中国人对现代化的追寻发生了根本变化。中国共产党带领中国人民接续近代中国有识之士对于现代化的追寻，有意识地将被动跟随转变为主动探索民族独立和人民富裕的中国的现代化。同时，伟大建党精神使中国式现代化具有中国特色，以革命手段开启现代化道路。在中国共产党领导下，中国革命由旧民主主义革命转向新民主主义革命。中国共产党在"一穷二白"、半殖民地半封建社会的国情下，在伟大建党精神引领下，不仅掌握历史主动权，还根据不同历史时期中国的具体国情，适应时代与社会变化调整政策方针，探索出一条中国式现代化道路。伟大建党精神是革命的精神，习近平总书记正是在强调要"进一步发扬革命精神，始终保持艰苦奋斗的昂扬精神"① 时，具体阐发了中国共产党人精神谱系。以伟大建党精神为源头的中国共产党人精神谱系，源于中国现代化建设过程中的精神凝练，又在实践中得到充分践行。

新民主主义革命时期是中国共产党坚持不懈、艰难探索现代化道路的条件准备阶段。在这一时期，中国共产党深刻认识到，只有首先赢得民族独立和人民解放，才能为现代化的实现奠定基础。中国共产党坚持独立自主，坚定不移地秉持革命精神，摆脱帝国主义控制，在井冈山发展革命力量，走上农村包围城市、武装夺取政权的革命道路，形成了井冈山精神。在革命势力受到威胁后，中国共产党领导的中国工农红军被迫开始长征，长征途中红军冲破敌人围追堵截，在遵义召开重要会议，独立自主地解决中国革命问题，形成了长征精神、遵义会议精神。抗战初期，中华民族坚决抵抗外来侵略，形成了以"天下兴亡、匹夫有责的爱国情怀，视死如归、宁死不屈的民族气节，不畏强暴、血战到底的英雄气概，百折不挠、坚忍不拔的必胜信念"② 为内容的抗战精神。全面抗战时期，中国共产党为了解决敌后抗日根据地的困难，提出"自己动手、丰衣足食"的口号，开展大生产运动，在这个过程中形成了南泥湾精神。中国共产党在新民主主义革命

---

① 习近平：《在党史学习教育动员大会上的讲话》，《求是》2021年第7期。
② 习近平：《在纪念中国人民抗日战争暨世界反法西斯战争胜利75周年座谈会上的讲话》，https://www.gov.cn/gongbao/content/2020/content_5544303.htm，最后访问日期：2025年3月24日。

时期形成的伟大精神还有苏区精神、延安精神、红岩精神、西柏坡精神、照金精神、东北抗联精神、太行精神（吕梁精神）、大别山精神、沂蒙精神、老区精神、张思德精神等。中国共产党在探索符合中国国情的现代化道路的过程中，提出建设"独立的、统一的、和平的、民主的、繁荣的、各党各派合作"① 的新中国的口号。1949 年中华人民共和国成立，真正实现民族独立和人民解放，开启了中国式现代化的伟大实践。

社会主义革命和建设时期是中国的现代化进程开启实践探索的阶段。新中国成立后，中国共产党很快意识到各方面现代化的重要性。在进一步摆脱帝国主义控制的同时，中国共产党逐渐发现苏联模式和道路存在的弊端，并根据中国国情提出"四个现代化"的概念。新中国刚刚成立不久，美国于 1950 年借朝鲜内战之机出兵干涉，并派遣其海军第七舰队侵驻台湾海峡，阻止中国人民解放军解放台湾。在这个危机时刻，中国共产党果断作出"抗美援朝、保家卫国"的决定，在残酷的抗美援朝战争中，中国人民志愿军赴汤蹈火、视死如归，用英雄气概谱写气壮山河的壮歌，形成了抗美援朝精神。社会主义工业现代化建设过程中，铁人王进喜展现出我国石油工人的崇高思想和优秀品德，塑造了代表石油工人精神风貌的大庆精神（铁人精神）。社会主义农业现代化建设过程中，孕育了北大荒精神、红旗渠精神等。在国防与科学技术现代化建设过程中，中国科技专家在自主研制原子弹、氢弹、导弹和人造卫星的辉煌事业中，锤炼出无私奉献、攻坚克难的精神风貌，形成了著名的"两弹一星"精神。此外，在社会主义革命和建设时期，还锻造了雷锋精神、焦裕禄精神、塞罕坝精神、"两路"精神、老西藏精神（孔繁森精神）、西迁精神、王杰精神等。这些伟大精神是中国共产党在社会主义革命和建设过程中，带领全国各族人民共同奋斗所锤炼出的精神结晶，是"为实现中华民族伟大复兴奠定根本政治前提和制度基础"② 的探索实践与精神凝聚，在推进现代化建设过程中发挥了重要作用。

改革开放和社会主义现代化建设新时期是中国的现代化进程创新发展的关键阶段。事实上，改革开放本身就是中国共产党依据中国国情进行现代化道路创新发

---

① 《社论：建立新中国的客观条件》，《解放日报》1942 年 7 月 16 日，第 1 版。
② 《中共中央关于党的百年奋斗重大成就和历史经验的决议》，《人民日报》2021 年 11 月 17 日，第 1 版。

展的重要内容。该时期中国共产党明确提出要走"中国式的现代化道路"①，有意识地提出"中国式的现代化"的命题。邓小平在党的十二大上明确指出："我们的现代化建设，必须从中国的实际出发。无论是革命还是建设，都要注意学习和借鉴外国经验。但是，照抄照搬别国经验、别国模式，从来不能得到成功。这方面我们有过不少教训。把马克思主义的普遍真理同我国的具体实际结合起来，走自己的道路，建设有中国特色的社会主义，这就是我们总结长期历史经验得出的基本结论。"② 此外，邓小平进一步阐发："到本世纪末在中国建立一个小康社会。这个小康社会，叫做中国式的现代化。"③ 正是在改革开放和社会主义现代化建设新时期，形成了改革开放精神。中国共产党在这一时期创新发展中国的现代化，设立经济特区，作出推进改革开放和社会主义现代化建设的重大决策，从而形成了特区精神。中国共产党在改革开放和社会主义现代化建设过程中，遇到诸多艰难险阻，也取得诸多显著成就，形成了抗洪精神、抗击"非典"精神、抗震救灾精神、载人航天精神、劳模精神（劳动精神、工匠精神）、青藏铁路精神、女排精神等。该时期在这些伟大精神的引领下，社会主义现代化建设取得巨大成绩。

党的十八大以来，在以习近平同志为核心的党中央坚强领导下，中国特色社会主义进入新时代，这是中国式现代化全新拓展的阶段。该阶段在"中国式的现代化"基础上进行深刻的理论总结，提出"中国式现代化"的新命题，将中国的现代化建设推向新的高度。从小康社会的提出到全面建成小康社会，便是坚持不懈推进中国式现代化的阶段性成果。党的十九大发出"决胜全面建成小康社会，开启全面建设社会主义现代化国家新征程"的号召，希望每一个中国人皆能为现代化建设献出自身力量。为了全面建设社会主义现代化国家，在脱贫攻坚中，中国共产党带领中国人民锻造形成了"上下同心、尽锐出战、精准务实、开拓创

---

① 《坚持四项基本原则（一九七九年三月三十日）》，载《邓小平文选》（第二卷），人民出版社，1994，第 163 页。

② 《中国共产党第十二次全国代表大会开幕词（一九八二年九月一日）》，载《邓小平文选》（第三卷），人民出版社，1993，第 2~3 页。

③ 《发展中日关系要看得远些（一九八四年三月二十五日）》，载《邓小平文选》（第三卷），人民出版社，1993，第 54 页。

新、攻坚克难、不负人民"的脱贫攻坚精神，顺利完成脱贫攻坚任务。在中国式现代化的高水平建设道路上，当遇到如新冠疫情等重大事件时，中国共产党更是在抗击疫情过程中形成了伟大的抗疫精神。不仅如此，诸如科学家精神、企业家精神等同样为推进中国式现代化保驾护航，提供精神动力。同时，还有"三牛"精神、探月精神、新时代北斗精神、丝路精神等。这些皆是在中国特色社会主义新时代，为更好地应对推进中国式现代化过程中的困难挑战而涌现出的伟大精神力量。

中国式现代化在条件准备、实践探索、创新发展、全新拓展的各个时期，均面临诸多问题。在推进中国式现代化的历史进程中，为了解决这些问题，中国共产党不断弘扬伟大建党精神，在各个时期形成了一系列中国共产党人的伟大精神。这些伟大精神便组成了中国共产党人精神谱系。中国共产党人精神谱系为中国式现代化的持续推进提供了精神动力和力量源泉。

## 二　时代品格与中国式现代化推进

中国共产党人精神谱系强调的是精神层面，是各个历史时期中国共产党人伟大精神的凝聚，不仅有其历史内涵，也表现出强大而高尚的时代品格。中国共产党人精神谱系体现出一脉相承的时代品格，这些时代品格又将继续推进和拓展中国式现代化。概言之，中国共产党人精神谱系具有坚持真理的理论品格、与时俱进的实践品格、以人民为中心的人民性品格、不怕牺牲的革命品格。

### （一）坚持真理的理论品格

中国共产党始终信仰马克思主义，并坚持把马克思主义基本原理同中国具体实际相结合、同中华优秀传统文化相结合。习近平总书记强调："我们党坚持把马克思主义作为根本指导思想，不断深化对共产党执政规律、社会主义建设规律、人类社会发展规律的认识，不断开辟马克思主义中国化时代化新境界，为中国式现代化提供科学指引。"① 中国共产党人精神谱系具有始终坚定不移坚持马克思主义基本原理的理论品格，坚持真理是中国共产党人始终坚守的品格。习近平总书

---

① 习近平：《中国式现代化是中国共产党领导的社会主义现代化》，《求是》2023 年第 11 期。

记指出："一百年前，中国共产党的先驱们创建了中国共产党，形成了坚持真理、坚守理想，践行初心、担当使命，不怕牺牲、英勇斗争，对党忠诚、不负人民的伟大建党精神，这是中国共产党的精神之源。"① 显然，以伟大建党精神为源头的中国共产党人精神谱系具有坚持真理的理论品格。中国共产党人精神谱系中坚持真理的理论品格，将继续推进和拓展中国式现代化。在这个过程中，难免会遇到道路与方向问题，需要作出准确判断，真正弄清楚中国式现代化是什么、不是什么，使中国式现代化推进有基本的遵循。

**（二）与时俱进的实践品格**

中国共产党人精神谱系与中国式现代化推进的每个历史时期相呼应，换言之，不同历史时期凝练出不同的中国共产党人的伟大精神，从而形成了中国共产党人精神谱系。中国共产党人精神谱系是中国共产党人在解决每个时代的问题和诉求中形成的，具有相当明显的现实性。这表明中国共产党人精神谱系具有与时俱进的实践品格，伟大建党精神在不断的实践中同其他伟大精神一起构成了中国共产党人精神谱系。这种与时俱进的实践品格，便是指中国式现代化在不同历史时期面临不同的挑战和困难，中国共产党在应对挑战、解决困难时，与时俱进地寻找到符合时代要求的针对性方法，锻造出不同时代的中国共产党人伟大精神。中国式现代化的条件准备阶段，便是要解决中国半殖民地半封建社会的问题，继而实现国家富强与人民富裕。中国共产党在改革开放和社会主义现代化建设新时期，为建成小康社会而不懈努力。中国特色社会主义新时代是决胜全面建成小康社会进而全面建设社会主义现代化国家的时代。中国式现代化在不同阶段面临不同的挑战和困难，中国共产党人精神谱系则与时俱进。目前公布了中国共产党人精神谱系第一批伟大精神，其中便包含中国特色社会主义新时代的多种伟大精神。随着时代发展，肯定会出现新的伟大精神，被列入中国共产党人精神谱系。

**（三）以人民为中心的人民性品格**

人民性是马克思主义的本质属性，人民性品格是中国共产党人精神谱系的基

---

① 习近平：《在庆祝中国共产党成立100周年大会上的讲话》，《人民日报》2021年7月2日，第2版。

本品格。习近平总书记强调："我们要始终把人民立场作为根本立场，把为人民谋幸福作为根本使命，坚持全心全意为人民服务的根本宗旨，贯彻群众路线，尊重人民主体地位和首创精神，始终保持同人民群众的血肉联系，凝聚起众志成城的磅礴力量，团结带领人民共同创造历史伟业。"① 习近平总书记指出："我们要坚守人民至上理念，突出现代化方向的人民性。人民是历史的创造者，是推进现代化最坚实的根基、最深厚的力量。现代化的最终目标是实现人自由而全面的发展。现代化道路最终能否走得通、行得稳，关键要看是否坚持以人民为中心。现代化不仅要看纸面上的指标数据，更要看人民的幸福安康。"② 中国式现代化彰显人民性品格，中国共产党最鲜明的底色是人民性，"全心全意为人民服务"是中国共产党始终坚持的根本宗旨。所以，中国共产党人精神谱系中深刻蕴含着以人民为中心的人民性品格。不管是苏区精神、沂蒙精神，还是脱贫攻坚精神、抗疫精神，皆是为人民谋幸福的深刻体现，皆彰显出习近平总书记所强调的"江山就是人民，人民就是江山"③。中国共产党人精神谱系中的人民性品格为中国式现代化建设指明了方向。

## （四）不怕牺牲的革命品格

中国共产党人在每个历史时期皆体现出不怕牺牲的革命品格，并在中国式现代化推进过程中不断得到锻炼和成长。尤其是在革命战争年代，面对异常残酷的敌人，在内有封建势力的黑暗统治和疯狂压迫、外有帝国主义的残暴侵略的形势下，中国共产党领导革命武装，打倒军阀、抗日救亡、推翻国民党的反动统治，在革命斗争中冲锋陷阵，展现出不怕牺牲、浴血斗争的精神风貌。这个阶段正是中国式现代化的条件准备阶段，中国共产党在革命斗争中涌现出一大批英雄人物。面对残酷的敌人，如果没有不怕牺牲的革命品格，就难以取得革命斗争的最

---

① 习近平：《在纪念马克思诞辰 200 周年大会上的讲话》，《人民日报》2018 年 5 月 5 日，第 2 版。
② 习近平：《携手同行现代化之路——在中国共产党与世界政党高层对话会上的主旨讲话》，《人民日报》2023 年 3 月 16 日，第 2 版。
③ 习近平：《高举中国特色社会主义伟大旗帜 为全面建设社会主义现代化国家而团结奋斗——在中国共产党第二十次全国代表大会上的报告》，《人民日报》2022 年 10 月 26 日，第 1 版。

终胜利。习近平总书记强调："'志不强者智不达，言不信者行不果。'我们党在内忧外患中诞生、在历经磨难中成长、在攻坚克难中壮大，锤炼了不畏强敌、不惧风险、敢于斗争、敢于胜利的风骨和品质。为了肩负历史重任，为了党和人民事业，无论敌人如何强大、道路如何艰险、挑战如何严峻，党总是绝不畏惧、绝不退缩，不怕牺牲、百折不挠。"① 中国共产党人不怕牺牲的革命品格在不同年代具有不同的内涵。在中国式现代化的条件准备、实践探索、创新发展、全新拓展各阶段，遇到了各种挑战和困难，中国共产党带领人民在应对挑战和解决困难的过程中，形成了科学家精神、企业家精神、探月精神等，其中皆蕴含着不怕牺牲的革命品格。

中国共产党人精神谱系具有坚持真理的理论品格、与时俱进的实践品格、以人民为中心的人民性品格、不怕牺牲的革命品格。这些时代品格源于中国共产党人进行中国式现代化建设的条件准备、实践探索、创新发展、全新拓展的各个历史时期，也将继续服务于中国式现代化的持续推进。

## 三　价值意蕴与中国式现代化实现

习近平总书记在党的二十大报告中明确指出："中国式现代化的本质要求是：坚持中国共产党领导，坚持中国特色社会主义，实现高质量发展，发展全过程人民民主，丰富人民精神世界，实现全体人民共同富裕，促进人与自然和谐共生，推动构建人类命运共同体，创造人类文明新形态。"② 这强调的便是中国式现代化面向未来要实现的目标。而中国共产党人精神谱系第一批伟大精神"集中彰显了中华民族和中国人民长期以来形成的伟大创造精神、伟大奋斗精神、伟大团结精神、伟大梦想精神，彰显了一代又一代中国共产党人'为有牺牲多壮志，敢教日月换新天'的奋斗精神"③。如此，当前就更加迫切地需要中国共

---

① 习近平：《以史为鉴、开创未来　埋头苦干、勇毅前行》，《求是》2022 年第 1 期。
② 习近平：《高举中国特色社会主义伟大旗帜　为全面建设社会主义现代化国家而团结奋斗——在中国共产党第二十次全国代表大会上的报告》，《人民日报》2022 年 10 月 26 日，第 1 版。
③ 《中国共产党人精神谱系第一批伟大精神正式发布》，《中国青年报》2021 年 9 月 30 日，第 1 版。

产党在中国共产党人精神谱系的引领下，带领全国各族人民发扬伟大创造精神、伟大奋斗精神、伟大团结精神、伟大梦想精神，投身于中国式现代化的宏伟事业。

**（一）发扬伟大创造精神实现中国式现代化**

伟大创造精神对于实现中国式现代化的意义不言而喻。习近平总书记强调："我们党深刻认识到中国式现代化是亿万人民自己的事业，人民是中国式现代化的主体，必须紧紧依靠人民，尊重人民创造精神，汇集全体人民的智慧和力量，才能推动中国式现代化不断向前发展。"[1] 只有充分发扬伟大创造精神，才能解决中国式现代化面临的诸多问题。中国共产党人精神谱系中的改革开放精神、科学家精神、探月精神等，皆是伟大创造精神的代表。不仅"在几千年历史长河中，中国人民始终辛勤劳作、发明创造"，而且今日"中国人民的创造精神正在前所未有地迸发出来，推动我国日新月异向前发展，大踏步走在世界前列"。[2]中国式现代化创造了人类文明新形态。这要求发扬中国人民的创造精神，因为这是一种全新的人类文明形态，是不同于西方现代化模式的新图景。习近平总书记强调："中国式现代化为全球提供了一种全新的现代化模式。由于世界现代化进程是从西方资本主义国家开始的，当今世界的发达国家也主要是欧美国家和深受西方文明影响的资本主义国家。这就给人们一种错觉，似乎现代化就是西方化、西方文明就是现代文明。实际上，世界文明是多样的，世界上既不存在定于一尊的现代化模式，也不存在放之四海而皆准的现代化标准。中国式现代化，打破了'现代化＝西方化'的迷思，展现了现代化的另一幅图景，拓展了发展中国家走向现代化的路径选择，为人类对更好社会制度的探索提供了中国方案。"[3] 创新是推进中国式现代化的动力，"中国式现代化中蕴含的独特世界观、价值观、历史观、文明观、民主观、生态观等及其伟大实践，是对世界现代化理论和实践的

---

① 习近平：《以中国式现代化全面推进强国建设、民族复兴伟业》，《求是》2025年第1期。
② 习近平：《在第十三届全国人民代表大会第一次会议上的讲话》，《人民日报》2018年3月21日，第2版。
③ 习近平：《以中国式现代化全面推进强国建设、民族复兴伟业》，《求是》2025年第1期。

重大创新"①。只有发扬伟大创造精神，才能真正实现中国式现代化。

### （二）发扬伟大奋斗精神实现中国式现代化

中国人民是具有伟大奋斗精神的人民，中国今日所取得的成就均来自中国人民坚忍不拔的奋斗。中国共产党人精神谱系中的南泥湾精神、延安精神、红旗渠精神、"三牛"精神等，皆是伟大奋斗精神的代表。譬如，习近平总书记在谈到弘扬延安精神时指出："要大力弘扬自力更生、艰苦奋斗精神，无论我们将来物质生活多么丰富，自力更生、艰苦奋斗的精神一定不能丢，脚踏实地、苦干实干，集中精力办好自己的事情，把国家和民族发展放在自己力量的基点上。"②只有踏实奋斗，才能迎难而上、克服难题，实现中国式现代化。习近平总书记强调："中国人民拥有的一切，凝聚着中国人的聪明才智，浸透着中国人的辛勤汗水，蕴涵着中国人的巨大牺牲。"③中国式现代化是强国建设、民族复兴的康庄大道，但并非"一马平川"，只有坚持不懈地奋斗和努力，才能走出现代化的中国道路。习近平总书记指出："要把中国式现代化 5 个方面的中国特色变为成功实践，把鲜明特色变成独特优势，需要付出艰巨努力。"④如此，才能实现"人类历史上规模最大"也是"难度最大"的"人口规模巨大的现代化"，实现"更多更公平惠及全体人民，坚决防止两极分化"的"全体人民共同富裕的现代化"，实现"既要物质富足，也要精神富有"的"物质文明和精神文明相协调的现代化"，实现"尊重自然、顺应自然、保护自然"的"人与自然和谐共生的现代化"，实现"坚持和平发展，在坚定维护世界和平与发展中谋求自身发展，又以自身发展更好维护世界和平与发展，推动构建人类命运共同体"的"走和平发展道路的现代化"。⑤中国式现代化具有广阔前景，但需要中国共产党在中国共产党人精神谱系引领下团结全国各族人民进行坚持不懈的奋斗。

---

① 习近平：《以中国式现代化全面推进强国建设、民族复兴伟业》，《求是》2025 年第 1 期。
② 习近平：《继承和发扬党的优良革命传统和作风　弘扬延安精神》，《求是》2022 年第 24 期。
③ 习近平：《在第十三届全国人民代表大会第一次会议上的讲话》，《人民日报》2018 年 3 月 21 日，第 2 版。
④ 习近平：《以中国式现代化全面推进强国建设、民族复兴伟业》，《求是》2025 年第 1 期。
⑤ 习近平：《以中国式现代化全面推进强国建设、民族复兴伟业》，《求是》2025 年第 1 期。

### （三）发扬伟大团结精神实现中国式现代化

中华民族在几千年历史长河中"始终团结一心、同舟共济，建立了统一的多民族国家，发展了 56 个民族多元一体、交织交融的融洽民族关系，形成了守望相助的中华民族大家庭"①。今日中国能够取得"令世人瞩目的发展成就，更是全国各族人民同心同德、同心同向努力的结果。中国人民从亲身经历中深刻认识到，团结就是力量，团结才能前进，一个四分五裂的国家不可能发展进步"②。中国人民具有伟大团结精神，团结是为了实现中华民族伟大复兴，万众一心、众志成城，从而实现中国式现代化。团结不仅是国内各族人民的团结，还是国际和平力量的团结。习近平总书记强调："中国式现代化不走殖民掠夺的老路，不走国强必霸的歪路，走的是和平发展的人间正道。我们倡导以对话弥合分歧、以合作化解争端，坚决反对一切形式的霸权主义和强权政治，主张以团结精神和共赢思维应对复杂交织的安全挑战，营造公道正义、共建共享的安全格局。"③ "中国实现现代化是世界和平力量的增长，是国际正义力量的壮大，无论发展到什么程度，中国永远不称霸、永远不搞扩张。"④ 发扬伟大团结精神能为中国式现代化的实现提供可靠力量和良好环境。

### （四）发扬伟大梦想精神实现中国式现代化

中国共产党人精神谱系彰显了中国人民的伟大梦想精神，这是中国人追求梦想的精神凝聚。习近平总书记说，"中国人民是具有伟大梦想精神的人民"，中国人民始终怀揣伟大梦想进行不懈的努力和追求，"近代以来，实现中华民族伟大复兴成为中华民族最伟大的梦想，中国人民百折不挠、坚忍不拔，以同敌人血战

---

① 习近平：《在第十三届全国人民代表大会第一次会议上的讲话》，《人民日报》2018 年 3 月 21 日，第 2 版。
② 习近平：《在第十三届全国人民代表大会第一次会议上的讲话》，《人民日报》2018 年 3 月 21 日，第 2 版。
③ 习近平：《携手同行现代化之路——在中国共产党与世界政党高层对话会上的主旨讲话》，《人民日报》2023 年 3 月 16 日，第 2 版。
④ 习近平：《携手同行现代化之路——在中国共产党与世界政党高层对话会上的主旨讲话》，《人民日报》2023 年 3 月 16 日，第 2 版。

到底的气概、在自力更生的基础上光复旧物的决心、自立于世界民族之林的能力，为实现这个伟大梦想进行了170多年的持续奋斗"。① 进入中国特色社会主义新时代，我们以以中国式现代化全面推进强国建设、民族复兴伟业为伟大梦想。梦想并非空想，也不是幻想，而是一种对未来的期盼，是通过努力要实现的目标。中国共产党自成立之日起，便为现代化而不断地进行条件准备。习近平总书记指出，"中国共产党100多年团结带领中国人民追求民族复兴的历史，也是一部不断探索现代化道路的历史。经过数代人不懈努力，我们走出了中国式现代化道路"，中国式现代化"既基于自身国情、又借鉴各国经验，既传承历史文化、又融合现代文明，既造福中国人民、又促进世界共同发展，是我们强国建设、民族复兴的康庄大道，也是中国谋求人类进步、世界大同的必由之路"。② 中国式现代化为实现中华民族伟大复兴的中国梦提供了现实路径。

以伟大建党精神为源头的中国共产党人精神谱系对于中国式现代化的不断深化和全新拓展而言，无疑是相当重要的精神动力和力量源泉。中国共产党人精神谱系具有丰富的历史内涵、时代品格、价值意蕴，从而能够服务于中国式现代化建设。党的二十大擘画了全面建设社会主义现代化国家、以中国式现代化全面推进中华民族伟大复兴的宏伟蓝图。中国式现代化是一个系统工程，需要统筹兼顾、系统谋划、整体推进，需要正确处理好一系列重大关系，中国共产党人精神谱系在其中必将发挥更加重要的作用。

〔作者郭辉，湖南师范大学历史文化学院副院长、教授〕

（责任编辑：罗　婧）

---

① 习近平：《在第十三届全国人民代表大会第一次会议上的讲话》，《人民日报》2018年3月21日，第2版。
② 习近平：《携手同行现代化之路——在中国共产党与世界政党高层对话会上的主旨讲话》，《人民日报》2023年3月16日，第2版。

# 面向中国式现代化的人口高质量发展：内涵、面向与路径[*]

陆杰华

**摘　要：** 人口高质量发展契合中国式现代化进程中人口规模巨大的基本国情。在中国式现代化进程中，人口高质量发展旨在塑造总量充裕、素质优良、结构优化、分布合理、长期均衡的现代化人力资源，引领人口发展迈向高质量、动态均衡的新阶段，兼具发展驱动性、动态适配性、相互协同性、前瞻规划性、目标导向性等特征。当前，以人口高质量发展支撑中国式现代化主要包括五个方面，即通过促进人口长期均衡发展、推动公共服务均等化、助力经济高质量发展、实现人与自然和谐相处、强化高水平科技创新，从而实现人的全面发展与中国式现代化的协同共进。面向未来，为了更加有力地支撑中国式现代化，人口高质量发展必须以系统思维谋划改革路径。具体的改革路径包括：树立新的人口发展观，推动全面深化改革；强化战略统筹，优化新时代人口发展战略的整体布局；建立全周期、全过程、全人群的人口服务支持体系；坚持投资于人的全面发展，激活中国式现代化的内生动力；优化公共服务资源配置，推动区域人口与经济社会、资源环境协调发展；强化人口监测，建立健全人口动态监测预警体系等。

**关键词：** 中国式现代化；人口高质量发展；科学内涵

---

[*] 本文系国家社会科学基金重点项目"人口发展新常态到人口高质量发展的引领机制与实现路径研究"（项目编号：24ARK001）的研究成果。

# 一　引言

人口，国之大者。人口问题始终是我国面临的全局性、长期性、战略性、基础性问题。开启全面建设社会主义现代化国家新征程，我国人口发展正处于一个关键的历史拐点。一方面，巨大的劳动力规模、不断优化的人口质量、可观的低龄老年人生产潜能等优势依然存在；另一方面，我国人口发展呈现"少子化、老龄化、区域人口增减分化等明显的趋势性特征"[①]。国家统计局数据显示，我国60岁及以上人口已从2000年的1.3亿人上升至2024年的3.1亿人，占总人口的比例从10%快速上升至22%[②]，我国正逐步向重度老龄化社会迈进。同时，全国有超过1/4人口向城镇以及东部、南部等经济发达地区集聚[③]，不同地域之间的人口增减现象呈现明显的差异与分化态势。推进中国式现代化，正面临新的人口国情，这一国情从根本上重构了现代化建设的约束条件。此时，传统的依靠劳动力数量扩张的经济增长模式难以为继，单方面强调人口发展适应和支撑经济社会发展已然不合理。在此背景下，人口高质量发展从理论命题转化为实践刚需，既是应对人口发展新常态的必然选择，更是推进中国式现代化的战略支点。

中国式现代化是一个以人民为中心、以促进人的全面发展和全体人民共同富裕为目标的现代化。[④] 党的二十大报告阐释了中国式现代化的五大特征，即中国式现代化是人口规模巨大、全体人民共同富裕、物质文明和精神文明相协调、人与自然和谐共生、走和平发展道路的现代化。[⑤] 这五大特征离不开"人"的主体作用。换言之，中国式现代化始终秉承以人民为中心的宗旨。无论是从理论内涵

---

[①]　习近平：《以人口高质量发展支撑中国式现代化》，《求是》2024年第22期。

[②]　《中华人民共和国2024年国民经济和社会发展统计公报》，https://www.gov.cn/lianbo/bumen/202502/content_7008605.htm，最后访问日期：2025年3月8日。

[③]　段成荣、邱玉鼎：《迁徙中国形态下人口流动最新趋势及治理转向》，《中共中央党校（国家行政学院）学报》2023年第4期。

[④]　朱荟：《以中国式现代化助推人口发展战略新格局》，《社会科学辑刊》2023年第4期。

[⑤]　习近平：《高举中国特色社会主义伟大旗帜 为全面建设社会主义现代化国家而团结奋斗——在中国共产党第二十次全国代表大会上的报告》，《人民日报》2022年10月26日，第1版。

还是从政策目标取向来看，中国式现代化与人口高质量发展密切相关。一方面，人口高质量发展本身就是一种人口现代化进程，中国式现代化包含了人口高质量发展的内容；另一方面，人口高质量发展是实现中国式现代化的基础性特征和现实条件①，是中国式现代化目标实现的重要支撑。

基于此，立足于中国式现代化，重新全面、深入、准确地认识与理解人口高质量发展，既是科学客观把握我国人口发展新常态的必然要求与战略选择，也是全面建设社会主义现代化国家、实现中华民族伟大复兴的现实需要。推进中国式现代化，亟待深化人口高质量发展的理论建构与实践探索：首先，在理论层面，需要系统阐释人口高质量发展的科学内涵，准确把握其在中国式现代化语境下的本质特征和演进规律；其次，在实践层面，应当深入探索人口高质量发展支撑中国式现代化的多维路径，构建包括人力资本提升、创新能力培育、人口结构优化等在内的系统性支撑框架。这种理论与实践的双向互动，既是构建中国特色人口发展理论体系的必然要求，也是推进中国式现代化的实践旨归。

## 二 中国式现代化进程中人口高质量发展的科学内涵与主要特征

### （一）中国式现代化进程中人口高质量发展的科学内涵

中国式现代化进程中，人口高质量发展旨在通过精准把握人口的功能属性和发展趋势，系统调整和优化人口发展战略，塑造总量充裕、素质优良、结构优化、分布合理、长期均衡的现代化人力资源，以引领人口发展进入高质量样态、动态均衡的发展阶段。② 具体来看，中国式现代化进程中人口高质量发展的科学内涵包含了以下几个方面。

第一，人口总量充裕的现代化是中国式现代化进程中人口高质量发展的基石。在中国式现代化语境下，人口总量充裕的现代化指向以适度生育水平保证相

---

① 穆光宗、侯梦舜、郭超、张雅璐：《论人口规模巨大的中国式现代化：机遇、优势、风险与挑战》，《中国农业大学学报》（社会科学版）2023 年第 1 期。

② 田天亮：《中国式现代化视域下的人口高质量发展：内涵解析、困境辨识与优化路径》，《西南民族大学学报》（人文社会科学版）2024 年第 2 期。

对充裕的生产要素，维持人口长期均衡发展。① 它包含总量规模和增长趋势两个层次的要求：前者确保人口数量充足，劳动力资源丰富，保证人口规模与经济社会发展阶段相协调；后者强调维持适当的生育率，避免人口增长过快或过缓，实现人口的长期均衡发展。人口要素始终是经济社会发展中最有活力、创造力、主观能动性的要素。人口总量充裕的现代化带来了充足的劳动力、超大规模的国内消费市场，助力经济社会发展，为中国式现代化提供充足、可持续的要素保障和内需支撑。

第二，人口素质优良的现代化是中国式现代化进程中人口高质量发展的核心。人口素质，亦称人口质量，是一个多维度的综合性概念，主要包括身体素质、科学文化素质和思想道德素质等要素。其中，身体素质作为人口素质的基础要素，其优良程度主要体现在群体健康水平的提升和预期寿命的延长上，是衡量人口素质的重要指标。科学文化素质作为人口素质的核心要素，反映了人口的知识储备、创新能力和发展潜力。截至 2023 年，我国高等教育在学总规模达 4763.19 万人，高等教育毛入学率为 60.2%，比上年提高 0.6 个百分点②，人口的科学知识水平和劳动技能水平日益提高。思想道德素质是人口素质的内在支撑，要提升全民特别是青少年的思想道德素质。在中国式现代化进程中，人口素质优良的现代化要求大力提升全民健康水平、受教育程度和思想品德水平，全面提升人口整体素质，以形成适应中国式现代化的人力资源和人力资本，培育和释放规模巨大的人才红利。

第三，人口结构优化的现代化是中国式现代化进程中人口高质量发展的关键。这一维度强调确保各年龄段人口的性别、年龄结构的均衡合理，维系经济社会长期稳定发展。性别结构的优化要求通过保障妇女合法权益、推动男女平等，确保男女比例均衡合理。随着我国性别结构的演进，当前我国人口结构的主要矛盾集中于少子老龄化，人口结构优化的现代化主要指向年龄结构的优化。基于此，人口结构优化的现代化的重点在于积极应对人口老龄化。一方面，持续推动

---

① 杜鹏、罗叶圣：《以人口高质量发展积极应对人口老龄化：内在逻辑与治理进路》，《行政管理改革》2024 年第 6 期。

② 《2023 年全国教育事业发展统计公报》，http://www.moe.gov.cn/jyb_sjzl/sjzl_fztjgb/202410/t20241024_1159002.html，最后访问日期：2025 年 3 月 8 日。

人口良性再生产，努力保持合理的人口年龄结构；另一方面，增强经济社会发展对人口结构变化的适应性，积极开发老年人力资源，充分释放长寿红利。

第四，人口分布合理的现代化是中国式现代化进程中人口高质量发展的保障。这一维度的核心要义在于通过人口和劳动力资源在城乡、区域之间的有序流动形成合理均衡的人口城乡与区域分布格局。在城乡分布上，2023 年末，我国常住人口的城镇化率为 66.16%。① 但我国城镇化率仍然有上升的空间，研究指出，未来我国还将有 15%～20% 的人口进入城镇。② 人口分布合理的现代化要求继续保持高质量的城镇化进程，同时统筹新型城镇化和乡村全面振兴，促进城乡共同繁荣。在地区分布上，经济发展驱动人口流动进一步加剧了地区分布的差异，人口从农村到城市、由中西部向东南沿海地区聚集。人口分布合理的现代化要求引导人口实现合理有序流动，优化区域经济布局和国土空间体系，优化区域、城乡人口比例。

第五，人口长期均衡的现代化是中国式现代化进程中人口高质量发展的内在要求。这一维度包含了人口系统内部各要素的长期均衡，以及人口与外部自然环境、经济社会发展水平的长期均衡。人口长期均衡的现代化首先指向人口总量充裕、人口素质优良、人口结构优化、人口分布合理及人口系统内部各要素之间的动态适应与协调发展。实现人口长期均衡的现代化不仅能够有效应对少子老龄化等人口新国情带来的社会风险，更是实现中国式现代化的保障。同时，作为一个整体，人口长期均衡的现代化同样包含经济社会、资源环境的长期可持续发展，要从经济社会全局高度和国家中长期发展层面加强谋划，实现人口发展与经济社会发展、自然环境发展和现代化建设同步协调。

## （二）中国式现代化进程中人口高质量发展的主要特征

人口高质量发展是在适应人口发展新常态、把握中国式现代化建设新要求的基础上提出的新概念、新命题和新表述，在理论内涵上具有多方面的鲜明特征。

---

① 《王萍萍：人口总量有所下降 人口高质量发展取得成效》，https://www.stats.gov.cn/xxgk/jd/sjjd2020/202401/t20240118_1946711.html，最后访问日期：2025 年 3 月 8 日。

② 杨菊华：《人口高质量发展：科学内涵、动力势能与进路策略》，《中共中央党校（国家行政学院）学报》2024 年第 1 期。

第一，中国式现代化进程中人口高质量发展具有发展驱动性。人口高质量发展是支撑中国式现代化的内在要求和重要动力。当前，我国已经进入以中国式现代化全面推进中华民族伟大复兴的关键时期，必须推动人口发展从调节数量转向稳定总量、提升素质、优化结构、合理分布、长期均衡转变，以人口高质量发展打造高素质人力、人才资源，加快构建新发展格局，为中国式现代化建设提供动力。

第二，中国式现代化进程中人口高质量发展具有动态适配性。人口本身是一个动态发展的系统，人口高质量发展是一个持续适应中国式现代化进程中的多样化需求、持续调整变化的动态过程。中国式现代化进程中人口高质量发展具有动态适配性，能够根据社会经济、政治、环境等因素的变化而及时调整人口政策和措施，呈现人口各要素高质量发展与中国式现代化进程的动态适配。这种动态适配不仅符合人口发展的一般性规律，更是积极推动经济社会可持续发展和中国式现代化建设的动力所在。①

第三，中国式现代化进程中人口高质量发展具有相互协同性。中国式现代化在全面推进强国建设、实现民族复兴伟业的关键时期对人口发展提出了更高、更全面的要求，不仅追求经济增长，更加注重社会、经济、政治、文化、生态的协同发展。因此，中国式现代化进程中人口高质量发展不仅强调人口总量适度这一量的发展，更要实现人口素质优良、人口结构优化、人口分布合理等质的飞跃，并使其与经济社会发展相协调，从而确保人口发展与中国式现代化进程协同推进。

第四，中国式现代化进程中人口高质量发展具有前瞻规划性。一方面，人口高质量发展正是在中国式现代化进程中，在对人口发展趋势的精准预测与深刻洞察的基础上提出的前瞻性人口战略方针。另一方面，人口高质量发展与生育友好、积极应对人口老龄化、健康中国、新型城镇化等相互承接，并被融入中国式现代化建设的整体框架中，体现了中国式现代化进程中人口高质量发展的前瞻规划性。

第五，中国式现代化进程中人口高质量发展具有目标导向性。中国式现代化进程和人口高质量发展密切相关。人口高质量发展是为顺应中国式现代化进程中

---

① 郑晓瑛、金鑫：《人口高质量发展与中国式现代化》，《国家现代化建设研究》2024 年第 5 期。

种种需要而提出的新理念、新思路，也是全面建设社会主义现代化国家、实现中华民族伟大复兴的新方法手段、新实践路径。换言之，中国式现代化进程与人口高质量发展之间存在密切的互动关系。一方面，人口高质量发展作为关键支撑要素，为中国式现代化建设提供人力资本保障和智力支持；另一方面，在推进中国式现代化进程中实现人口质量的全面提升，本身就是中国式现代化的重要战略目标。这种双向互动关系体现了人口发展与现代化建设的有机统一。

## 三 人口高质量发展支撑中国式现代化的主要面向

2023 年 5 月，习近平总书记在二十届中央财经委员会第一次会议上特别强调，"人口发展是关系中华民族伟大复兴的大事，必须着力提高人口整体素质，以人口高质量发展支撑中国式现代化"①。要落实人口高质量发展支撑中国式现代化，有必要在深入辨析人口高质量发展的科学内涵及其对我国经济社会发展的深刻影响的基础上，进一步厘清人口高质量发展支撑中国式现代化的主要面向。人口高质量发展体现了中国式现代化进程中人口规模巨大的基本国情，强调在全体人民共同富裕、物质文明和精神文明相协调、人与自然和谐共生、走和平发展道路的中国式现代化新格局中，实现总量充裕、素质优良、结构优化、分布合理、长期均衡等多重人口维度的高质量发展。基于此，笔者提出以下五个人口高质量发展支撑中国式现代化的主要面向。

第一，人口高质量发展强调以人口发展支撑中国式现代化。

中国式现代化的本质是人的现代化。中国式现代化首先要实现人口规模巨大的现代化，其核心在于将 14 亿多人口的发展潜能转化为高质量发展动能。而人口高质量发展正是立足于中国式现代化进程，在适应人口发展新常态、把握人口发展新规律基础上提出的新理念，其核心目标在于塑造总量充裕、素质优良、结构优化、分布合理、长期均衡的现代化人力资源。人口高质量发展通过扭转传统"注重数量"的人口发展观念，坚持树立"大人口观"，坚持以"质的提升"引领人口发展的新趋势，协调人口多要素，促进人口长期均衡发展，进而实现人口

---

① 《习近平主持召开二十届中央财经委员会第一次会议》，https://www.gov.cn/yaowen/2023-05/05/content_5754275.htm，最后访问日期：2025 年 3 月 27 日。

规模巨大的中国式现代化。

第二，人口高质量发展注重以保障民生支撑中国式现代化。

人口高质量发展能够重构公共服务供给的底层逻辑，强调社会公平与包容性，通过推动公共服务均等化，缩小贫富差距，助力共同富裕，促进社会和谐稳定。首先，超大规模人口形成的需求势必倒逼公共服务体系革新。我国 14 亿多人口的多元化需求场景，促使政府加大投入，优化公共服务资源配置，推动公共服务供给从"保基本"向"优质量"升级。其次，人口素质跃升通过需求升级与供给优化的双向互动促进公共服务均等化。高素质的人口具有更强的需求表达能力和参与意识，能够更好地监督公共服务的提供，促使政府提高服务质量。再次，人口结构变迁驱动服务供给的精准化转型。人口老龄化的加快迫切要求多层次养老服务体系全覆盖。最后，人口城乡区域流动重构了资源配置逻辑。长期以来，我国城乡二元结构的存在导致了城乡公共服务的差距。人口的有序流动和合理分布能够有效调整城乡、区域基本公共服务的资源配置方式，建立符合人口发展变化要求的公共服务体系。比如大规模的人口流动推动了常住地公共服务供给制度创新，有助于解决基本医疗保险异地就医直接结算等诸多问题。无疑，人口高质量发展通过"规模奠定基础－素质提升质量－结构优化配置－流动促进均衡"的影响范式，建立健全公共服务体系，实现基本公共服务覆盖全民、兜住底线、均等享有，构建更具包容性的民生保障体系。

第三，人口高质量发展确保以经济增长支撑中国式现代化。

经济发展离不开充足的生产要素的支撑。在土地、资本、劳动力及技术等诸多生产要素中，人口要素是最具活力、创造性、能动性的要素。[①] 人口高质量发展以总量充裕、素质优良、结构优化、分布合理和长期均衡重塑经济增长的底层逻辑，实现高质量经济增长，主要表现在以下几个方面。首先，总量充裕的人口从供给端和需求端共同为经济高质量健康增长奠定基础。一方面，充裕的人口总量能够为经济发展提供充足的劳动力资源，直接提高社会生产力，促进经济发展。另一方面，14 亿多人口的消费形成了超大规模的国内市场优势，有利于促进经济发展从投资驱动型向消费拉动型转变，实现经济结构优化。其次，人口素质

---

① 陈明鹤、王瑞：《系统观念视域下推进人口高质量发展的内涵及路径》，《辽宁行政学院学报》2024 年第 2 期。

优良是人才红利的根源，是新时代促进经济高质量发展的重要条件。2022 年，全国新增劳动力平均受教育年限达 14 年。① 而根据世界银行测算，我国人力资本对经济增长的贡献率已由 2012 年的 33.7%增至 2020 年的 36.8%。由此可见，打造一支高素质的劳动力队伍，充分释放人口数量和质量红利，不仅能够直接助力经济高质量增长，更能够倒逼产业结构调整与升级，突破传统发展瓶颈。再次，人口结构优化即实现人口年龄结构与性别结构的合理均衡。合理的年龄结构可降低老年抚养比水平，减轻社会赡养压力；均衡的性别结构为人口良性再生产提供保障，有助于在增加劳动力有效供给的同时，将劳动效率维持在较高水平。二者协同作用，从人力资源储备角度为经济高质量发展减负增效。然后，合理的人口分布也能够更好地发挥经济市场的集聚效应，从而有效促进区域经济发展。② 最后，人口长期均衡将为经济社会发展提供有利的人口环境，为中国式现代化赋能蓄力。

第四，人口高质量发展顺应以人与自然和谐共生支撑中国式现代化。

人口高质量发展是实现人口与资源环境相适应、生态文明建设的关键。人口高质量发展不仅通过提高人口素质、优化人口结构和分布，推动经济社会可持续发展，实现从"以环境换取增长"到"人口发展保障生态"的跨越，更通过人的全面发展与生态文明建设的协同共进，为中国式现代化的长远发展奠定坚实的基础。一方面，大量研究证实，环保意识可以驱动个体改变行为以保护环境。人口素质的全面提升能够有效增强人们的环保意识和责任感，从而形成良好的社会氛围，使人们为生态文明建设贡献力量；另一方面，人口高质量发展摒弃了传统的以牺牲环境换取经济增长的发展模式，而是将优美的生态环境作为人和经济社会可持续发展的基础。人口高质量发展通过合理控制人口规模、优化人口空间布局，防止因人口规模过大或增速过快带来环境压力，同时促进人口规模和分布与当地资源环境承载能力相适应，实现人与自然和谐共生。

---

① 《教育部：2022 年学历教育在校生 2.93 亿人 新增劳动力平均受教育年限达 14 年》，http://www.moe.gov.cn/fbh/live/2023/55167/mtbd/202303/t20230323_1052352.html，最后访问日期：2025 年 3 月 8 日。

② 易信：《以人口高质量发展支撑中国式现代化的理论逻辑、现实要求和政策建议》，《经济纵横》2024 年第 9 期；刘世锦、蔡颖、王子豪：《人口密度视角下的中国经济潜在增长》，《经济纵横》2023 年第 1 期。

第五，人口高质量发展加强以科技创新支撑中国式现代化。

新质生产力是实现高质量发展和中国式现代化的重要条件，而发展新质生产力需要人口高质量发展的支撑。换言之，人口高质量发展通过提升人口素质、优化人口结构打造一支高水平的创新人才队伍，有助于实现高水平科技的自立自强，增强国家竞争力。一方面，高水平的人力资本是促进技术进步的关键要素。高素质的人口具备更高的知识水平和更强的创新能力，能够为科技创新提供有力的人才支撑，直接赋能科技创新链升级；另一方面，合理的人口年龄结构有助于增强科技创新能力。年龄增长会造成创新动力的减弱。[1] 因此，如果一个国家或社会的老年人口比重过大或者人口老龄化程度过高，不可避免地将导致整个社会创业精神萎靡和创新活力减弱。[2] 但也必须认识到，人口老龄化对科技创新的影响具有两面性。老龄人口的知识储备更多、实践经历更丰富，在"干中学"反而更易于开展创新活动。人口高质量发展及其与科技创新的动态适配正在重构科技创新版图。人口高质量发展通过优化人口结构、提高人口素质，充分发挥各年龄段人口的优势，持续释放人口要素的创新驱动潜能，为中国式现代化提供坚实支撑。

## 四 以人口高质量发展支撑中国式现代化的实践进路

聚焦"十五五"时期中国人口的新变化与新特征，推动人口高质量发展是推进中国式现代化的必然要求、重要支撑和战略应对[3]，不仅事关促进经济高质量发展、提升人民生活品质、实现共同富裕，更事关中华民族伟大复兴。当前，我国正处于人口转型的关键期，生育率持续走低、老龄化程度加深、区域人口增减分化交织[4]，给以人口高质量发展支撑中国式现代化带来了诸多挑战。面向未来，

---

[1]　Ruth Kanfer and Phillip Ackerman, "Individual Differences in Work Motivation: Further Explorations of a Trait Framework," *Applied Psychology: An International Review*, 2000, 49 (3), pp. 470-482.

[2]　梁建章：《人口战略——人口如何影响经济与创新》，中信出版社，2023。

[3]　陆杰华、冯雨欣：《适变与应变："十五五"时期人口发展规划的新格局、新挑战及其实践路径》，《河北学刊》2025 年第 1 期。

[4]　田天亮：《中国式现代化视域下的人口高质量发展：内涵解析、困境辨识与优化路径》，《西南民族大学学报》（人文社会科学版）2024 年第 2 期。

亟待顺应人口发展的趋势性变化，坚持从以系统观念谋划改革思路、以改革创新明晰实践路径两个维度共同发力，加快塑造总量充裕、素质优良、结构优化、分布合理、长期均衡的现代化人口格局，为全面建设社会主义现代化国家提供持久动能。

### （一）以人口高质量发展支撑中国式现代化的改革思路

以人口高质量发展支撑中国式现代化必须深刻辨析中国式现代化进程中人口高质量发展的科学内涵并明确具体目标，坚持以系统观念谋划改革思路。

第一，以人口高质量发展支撑中国式现代化必须更加重视人的全面发展。习近平总书记指出，"现代化的最终目标是实现人自由而全面的发展"①。坚持以人民为中心，推动人的全面发展，让全体人民参与并共享现代化成果，是实现人口规模巨大的现代化的根本途径。当前，我国正面临人口出生率不断下降、人口老龄化程度不断加深、人口结构和分布不合理、就业结构性矛盾不断凸显等严峻挑战，若继续沿袭"见数不见人"的治理逻辑，将无法激活超 3 亿老龄人口的"银发人力资源"，更难以应对人口发展新常态带来的冲击。② 可见，传统以数量调控为主导的人口管理模式已难以适应新形势需求，新时代以人口高质量发展支撑中国式现代化必须及时扭转观念和调整工作重点，必须坚持以人民为中心的发展思想，实现从"人口管理"向"人的发展"的价值重构，持续促进人的全面发展。

第二，以人口高质量发展支撑中国式现代化必须更加注重规划引领的作用。回顾来看，从将人口规模巨大的现代化确定为中国式现代化的首要特征到提出以人口高质量发展支撑中国式现代化的重要论述，党和政府对现代化建设的长期战略规划始终将人口要素视为关键考量，始终坚持以顶层设计引领以人口高质量发展支撑中国式现代化。这种顶层设计使得相关政策的落地落实具有极强的连续性和执行力，为以人口高质量发展支撑中国式现代化提供了坚实保障。未来的工作必须从中国式现代化全局出发，进一步完善人口高质量发展的顶层设计，注重强

---

① 习近平：《携手同行现代化之路——在中国共产党与世界政党高层对话会上的主旨讲话》，《人民日报》2023 年 3 月 16 日，第 2 版。

② 彭希哲、陈倩：《中国银发经济刍议》，《社会保障评论》2022 年第 4 期。

化以规划引领人口治理，确保人口高质量发展与中国式现代化同步推进。

第三，以人口高质量发展支撑中国式现代化必须更加注重多元主体的合力效应。必须认识到，以人口高质量发展支撑中国式现代化是一个全面、长期且复杂的系统工程，并非某一单一主体的职责，也绝非单纯依赖政策的强制执行或国家财政投入的独角戏。相反，以人口高质量发展支撑中国式现代化必须强化多元主体协同效应，通过营造多元参与氛围、完善参与机制，积极引导政府、市场、社会、家庭和个人等多元化的治理主体协同参与。充分发挥党的总体设计、战略指引、综合协调作用，坚持政府的执行主体与责任主体地位，发挥企业的支持效用，突出社会组织的协调功能，调动公民参与积极性、主动性和创造性，全面发挥多元主体优势，汇聚强大合力，共同破解人口发展难题，推动人口高质量发展，为中国式现代化筑牢根基。

### （二）以人口高质量发展支撑中国式现代化的实践路径

面对我国人口发展出现的新情况、新问题，以人口高质量发展支撑中国式现代化必须摒弃单纯提高生育率的单一手段，树立新发展理念，坚持以改革创新明晰实践路径。

第一，树立新的人口发展观，推动全面深化改革。改革是国家发展进步的引擎，以人口高质量发展支撑中国式现代化必须全面深化改革。一方面，推动人口发展从"量"的增长加快转向"质"的提升，牢固树立总量充裕、素质优良、结构优化、分布合理、长期均衡的新的人口发展观，夯实以人口高质量发展支撑中国式现代化的理论基础。另一方面，以改革创新重构治理逻辑，摒弃传统的以数量增长为核心的人口发展政策体系，推动人口治理从"数量管控"转向"质量赋能"，以算法、大数据等创新技术分析人口问题、制定人口政策方针，加快构建适应中国式现代化需求的新型人口治理体系。

第二，强化战略统筹，优化新时代人口发展的整体布局。中国式现代化是一个系统工程。新时代以人口高质量发展支撑中国式现代化必须坚持系统谋划、统筹兼顾、整体推进的基本原则，做好新时代人口发展的前瞻性、全局性、系统性的战略规划。其一，精准把握当下和未来的人口发展状况与趋势，坚持从支撑中国式现代化的现实需求和目标导向出发，系统部署人口高质量发展的顶层设计。

其二，将人口发展工作与社会主义现代化建设紧密结合，将人口高质量发展嵌入中国式现代化的总体规划中，深度推动人口与经济社会、资源环境和谐发展。其三，强化人口高质量发展与人才强国、乡村振兴等国家战略的统筹协调，以更有效地实现人口高质量发展的目标，为全面建成社会主义现代化强国提供助力。

第三，建立全周期、全过程、全人群的人口服务支持体系。人口高质量发展必须关注不同年龄、性别、阶层、地域人口的差异化需求，将婚嫁、生育、养育、教育、就业、就医、住房、养老等一体考虑，提供涵盖全年龄阶段、全生命周期、全人群范围的高质量服务，建设全龄友好的社会环境。此外，聚焦当前少子老龄化的严峻挑战，未来以人口高质量发展支撑中国式现代化必须着重建立以"一老一小"为核心的服务体系。一方面，遵循生育文化友好、权利友好和福利友好的基本逻辑，完善结婚、生育、养育等一体化的生育政策支持体系，构建生育友好型社会。另一方面，推进积极应对人口老龄化国家战略，加强养老服务体系建设，大力发展银发经济，挖掘老年人力资源，加快建立多层次、多支柱养老保险体系。通过全方位的服务供给，确保各年龄群体共享发展成果。

第四，坚持投资于人的全面发展，激活推进中国式现代化的动力。坚持以人民为中心的发展思想，投资于人的全面发展，充分发挥"人口"中"人"的主体性和目的性，充分挖掘人口潜力和释放人才红利。对人的投资主要包括教育投资和健康投资。① 其一，加强对人的教育投资，深入推动教育强国建设，大力发展高等教育、职业教育，建设全民终身学习的学习型大国。同时优化教育资源区域配置，通过政策倾斜缩小城乡、区域教育差距。其二，加强对人的健康投资，持续推进健康中国建设，构建"预防-诊疗-康复"一体化、多层次的公共卫生服务体系。此外，高度重视心理健康，将其纳入国家公共卫生重点领域，构建社会心理服务网络和危机干预机制。

第五，优化公共服务资源配置，推动区域人口与经济社会、资源环境协调发展。其一，实施人口布局引导战略，构建区域协调发展新机制。通过优化产业空间布局，引导高端产业向区域中心城市集聚，同时强化中心城市与周边中小城市的功能互补与产业协作，形成梯度有序、协同发展的区域经济格局。其二，建立

---

① 原新：《全面推动人口高质量发展 厚植人口综合竞争力》，《中国人口科学》2023年第4期。

公共资源动态配置体系，增强城乡资源配置效能。构建与人口发展动态相适应的资源配置机制，通过建立"人口-资源"匹配模型，实现城乡公共服务资源的精准投放与高效利用，重点增强教育、医疗、养老等基本公共服务的可及性，并提高基本公共服务均等化水平。其三，践行绿色发展理念，促进人口与资源、环境的协调发展。通过实施差异化人口政策，科学调控区域人口规模与增长速度，优化人口空间分布与结构，建立人口发展与资源环境承载力相适应的长效机制，实现经济社会发展与生态环境保护的良性互动。

第六，强化人口监测，建立健全人口动态监测预警体系。中国式现代化和人口高质量发展都是动态发展的过程。面对人口发展的新常态和新挑战，为了更好地服务于以人口高质量发展支撑中国式现代化，建立健全人口动态监测预警体系势在必行。加强人口数据收集与分析，整合卫健、民政、社保、公安、统计等多个部门资源，加快构建统一的人口数据平台，实现数据共享。同时，加强综合性评估模型的开发与建设，构建多层次预警机制。建立"监测—预警—响应"的闭环机制，确保分析预测结果能够及时转化为政策行动，增强人口发展新常态下的决策精准性和前瞻性。强化科技赋能，将大数据、人工智能等现代技术充分融入人口动态监测预警体系，增强人口动态监测预警效能。

## 五　结语

党的二十大报告总结提出了中国式现代化的五个主要特征，并将"人口规模巨大的现代化"置于首位。这意味着中国式现代化首先是人口规模巨大的现代化，新时代实现中国式现代化首先要实现人的现代化。为此，推进人口高质量发展并以人口高质量发展支撑中国式现代化不仅是实现中国式现代化的必然选择，更是推进全面建设社会主义现代化国家、实现中华民族伟大复兴的关键驱动力。聚焦于此，笔者围绕如何认识中国式现代化进程中的人口高质量发展，分析了人口高质量发展的科学内涵和主要特征，并就人口高质量发展如何支撑中国式现代化进行了系统性剖析和前瞻性探讨。新时代的人口高质量发展指向人口总量充裕、素质优良、结构优化、分布合理和长期均衡等多个维度，以其发展驱动性、动态适配性、相互协同性、前瞻规划性和目标导向性等多方面特质，为实现中国式现代化注入了新的生命力。切实推进这一系统工程必须以系统观念谋划改革思路、以改革创新明晰实践路径，深度把握发展重点，积极创新实践路径，为推进人口高质量发展并以人口高质量发展支撑中国式现代化奠定坚实基础。

目前，世界范围内已经实现现代化的国家和地区不超过 30 个，总人口不超过 10 亿人，除了美国、日本等少数国家的人口规模超过 1 亿人外，大多数国家的人口规模是千万级甚至百万级的。这意味着中国 14 亿多人口的超大体量的现代化在人类历史上尚无先例，同样意味着以人口高质量发展为支撑的、面向 14 亿多人口的中国式现代化将彻底改变世界现代化的版图。以人口高质量发展支撑中国式现代化，开辟了一条发展中人口大国独立自主的现代化道路，突破了传统西方现代化模式的发展路径约束、发展梯度设定和发展规模上限[1]，为世界现代化的实现提供了中国智慧、中国方案、中国力量，彰显了中国担当、中国价值、中国贡献。

〔作者陆杰华，中国人民大学人口与健康学院教授〕

（责任编辑：赵晓航）

---

[1] 刘大志、王贺峰：《人口规模巨大的现代化：深刻内涵、理论创新与时代价值》，《上海经济研究》2023 年第 10 期。

# 中国式现代化进程中的生态保护和高质量发展机制

## ——基于黄河治理的探索

赵可金

**摘　要：** 优化黄河流域生态保护和高质量发展机制是推进中国式现代化的重要组成部分。黄河是中华民族的母亲河，实现黄河流域生态保护和高质量发展是关乎中国式现代化全局的国家战略。然而，既有研究将生态保护和高质量发展对立起来，要么过于强调生态保护而忽视高质量发展，要么强调高质量发展而忽视生态保护。本文以习近平生态文明思想为指导，以生态因素与制度因素相结合的生态制度主义为分析框架，提出了一个黄河治理的分析框架，通过对新中国成立以来黄河流域发展战略及其实践进行实证检验，探索黄河流域治理体系和治理能力现代化的路径选择。研究发现，优化黄河流域生态保护和高质量发展机制，重在制度建设，必须在优化生态体系的基础上，推动制度型开放，不断开辟实现高质量发展的新制度路径。

**关键词：** 黄河流域；中国式现代化；生态制度主义；政治经济学

## 一　问题的提出

"黄河宁，天下平。"黄河是中华民族的母亲河，流经青海、四川、甘肃、宁夏、内蒙古、山西、陕西、河南、山东9个省区，全长5464公里，哺育了沿河超过3亿人口，孕育了以河湟文化、河洛文化、关中文化、齐鲁文化等为代表的中华文明。在历史上，黄河的泥沙、悬河、断流、沙化、决口、改道等难题始终困扰着历朝历代的统治者，从上古时期的大禹治水到秦汉时期的"瓠子堵口"，从明代潘季驯的"束水攻沙"到清代康熙皇帝将"河务、漕运"作为治国之本[①]，数千年来，黄河治理一直是治国安邦的百年大计。然而，尽管历朝历代均把治河作为事关江山社稷的根本，但黄河"三年两决口，百年一改道"的问题始终没有得到根治，黄河安澜的梦想也始终没有实现。据统计，从先秦到解放前的2500 多年间，黄河下游共决溢 1500 多次，大的改道 26 次[②]，水患所至，"城郭坏沮，稼穑漂流，百姓木栖，千里无庐"。

新中国成立以来，在中国共产党领导下，我国一直高度重视黄河治理、保护和开发。从新中国成立后毛泽东主席号召"要把黄河的事情办好"，一直到 2019 年将黄河流域生态保护和高质量发展上升为国家战略，黄河流域开始化危为机、由弱到强，逐渐走出了一条高质量发展的新路，书写了黄河安澜的伟大奇迹，为世界范围内河流治理事业提供了重要借鉴。2024 年 7 月 18 日，党的二十届三中全会审议通过了《中共中央关于进一步全面深化改革 推进中国式现代化的决定》，明确提出"完善实施区域协调发展战略机制"，将优化"黄河流域生态保护和高质量发展机制"作为推进中国式现代化的重要战略任务。[③] 显然，如何优化黄河流域生态保护和高质量发展机制，已经成为中国式现代化研究的一项重大理论课题和战略课题。本文在综述已有相关研究成果的基础上，以习近平生态文明思想为指导，从生态制度主义框架出发，致力于回答优化黄河流域生态保护和高质量发展机制的生态逻辑、制度条件和路径选择问题，推进中国式现代化理论研究走实走深。

## 二　文献回顾与研究框架

从古代到近代，治理黄河一直是历朝历代治国理政的大事，但总是治标不治本，很难从根本上解决黄河的水患问题。新中国成立以来，在中国共产党领导

---

① 《让黄河成为造福人民的幸福河》，http://www.qstheory.cn/dukan/qs/2019-10/15/c_1125102371.htm，最后访问日期：2025 年 3 月 6 日。

② 《习近平在黄河流域生态保护和高质量发展座谈会上的讲话》，https://www.gov.cn/xinwen/2019-10/15/content_5440023.htm，最后访问日期：2025 年 3 月 6 日。

③ 《中共中央关于进一步全面深化改革 推进中国式现代化的决定》，https://www.gov.cn/zhengce/202407/content_6963770.htm，最后访问日期：2025 年 3 月 6 日。

下，我国充分发挥集中力量办大事的制度优势，制定了保护和开发相结合的黄河治理战略，取得了显赫的成就。尤其是自 2019 年将黄河流域生态保护和高质量发展上升为国家战略以来，黄河流域经济社会发展走出了一条中国式现代化的新路。自 2020 年以来，《人民黄河》期刊设立了"黄河流域生态保护和高质量发展"专题，刊发了 200 多篇论文，从生态保护、高质量发展、公共政策和公共管理、文化旅游等多个角度为黄河流域生态保护和高质量发展提供学术支撑。此外，在中国知网以"黄河流域生态保护和高质量发展"为主题词进行搜索，截至 2025 年 3 月 1 日，共有 2063 篇学术论文，集中反映了中国学界对黄河流域生态保护和高质量发展的学术贡献。

总体来看，所有关于黄河流域生态保护和高质量发展的研究，可以被概括为保护论和开发论两种观点。保护论认为，黄河流域生态保护和高质量发展重在保护，不仅要强调生态保护，更要坚持高标准治理，实现黄河流域高质量发展。比如，张楚汉和王光谦针对如何实现黄河流域长治久安与高质量发展提出了构建流域水资源保障体系、实现流域重点地区生态环境修复与保护、完善流域防洪防凌与水沙调控工程体系等对策建议。[1] 王金南提出了新时期推进黄河共同保护和协同治理的总体思路。[2] 贾绍凤和梁媛从中国经济社会发展与生态安全角度开展了新形势下黄河流域水资源配置战略调整研究。[3] 薛澜等强调加强黄河流域生态保护和高质量发展的立法工作。[4] 开发论强调，黄河流域生态保护和高质量发展重在高质量发展。比如，刘建华等强调黄河流域生态保护和高质量发展应加快新质生产力赋能，强化科技创新主导作用，促进区域创新合作，加快现代化产业建设。[5] 任保平和张倩强调依据"共同抓好大保护，协同推进大治理"的黄河流域

---

[1] 张楚汉、王光谦：《关于黄河流域生态保护和高质量发展的思考》，《人民黄河》2024 年第 9 期，第 1~7 页。

[2] 王金南：《黄河流域生态保护和高质量发展战略思考》，《环境保护》2020 年第 Z1 期。

[3] 贾绍凤、梁媛：《新形势下黄河流域水资源配置战略调整研究》，《资源科学》2020 年第 1 期。

[4] 薛澜、杨越、陈玲、董煜、黄海莉：《黄河流域生态保护和高质量发展战略立法的策略》，《中国人口·资源与环境》2020 年第 12 期。

[5] 刘建华、闫静、王慧扬、葛世帅：《黄河流域新质生产力水平的动态演进及障碍因子诊断》，《人民黄河》2024 年第 4 期。

高质量发展的战略思路，以生态环境保护和高质量发展为目标，从分类发展、协同发展、绿色发展、创新发展、开放发展五个维度出发推动黄河流域的高质量发展，同时要完善黄河流域高质量发展的战略规划、法律制度、空间管控、体制机制等战略支撑体系。[①] 王军等强调黄河流域应补齐数字经济赋能的短板，实现高质量发展。[②] 显然，对黄河流域生态保护和高质量发展来说，保护论和开发论在根本立场上是一致的，既要加强生态保护，又要重视高质量发展，问题的核心是如何在制度上将两者结合起来，推动黄河流域治理体系和治理能力现代化，实现高质量发展与高水平安全良性互动，走出一条黄河流域现代化的新路。

迄今为止，绝大多数研究是从技术、政策和管理的角度研究黄河流域生态保护和高质量发展，缺乏从政治学角度对其制度基础和生态逻辑的研究，在体制机制设计上缺乏学理基础，对沿黄各地区互动的实践经验和体制机制障碍的研究不够。因此，本文以习近平生态文明思想为指导，以生态因素与制度因素相结合的生态制度主义为分析框架，提出了一个黄河流域区域协同发展的政治经济学的分析框架，并通过对黄河发展战略的历史演变、黄河治理的制度基础进行分析，从政治学角度提出优化黄河流域生态保护和高质量发展机制的路径选择。

生态制度主义是一条致力于解释政治现象的制度基础和生态逻辑的理论路径。生态制度主义政治学突破了西方政治学中的制度决定论，赋予制度以生态主义的理解，认为只有适应特定生态条件的制度才会释放出更高的经济效率。这一理论路径突破了政治体系/国际体系的概念，引入了生态体系的概念，认为人与自然的生态平衡关系对人与人的社会关系、政治关系和文化关系有决定性影响。秩序是由制度创造的，但制度是由生态选择的。制度是变化的，变化的方向既取决于制度构建的路径，也取决于一定的生态条件。关于优化黄河流域生态保护和高质量发展机制的研究，需要综合考虑生态因素和制度因素。生态制度主义是分析这一问题的恰当理论路径，通过考察黄河流域的生态体系特征和治理黄河的制度选择，为统筹黄河流域生态保护和高质量发展提供路径选择和政策方案。

---

① 任保平、张倩：《黄河流域高质量发展的战略设计及其支撑体系构建》，《改革》2019年第10期。

② 王军、刘小凤、朱杰：《数字经济能否推动区域经济高质量发展？》，《中国软科学》2023年第1期。

　　事实上，黄河流域生态保护和高质量发展从根本上是一个统筹发展与安全的治理问题。首先，黄河流域生态保护的核心是生态安全问题。从青藏高原到渤海之滨，黄河流域是一个有机的生态体系，人类所有活动与黄河流域的自然环境是一个生命共同体，维护这一生命共同体的生态平衡是实现黄河流域高质量发展的前提，也是高质量发展的题中之义。构建黄河流域高水平安全格局，是黄河流域生态保护和高质量发展的首要目标。其次，黄河流域高质量发展的核心是区域协调发展问题。黄河上游、中游和下游的不同地区在资源优势、要素禀赋、发展基础等方面存在很大差异，发展道路和发展模式也千差万别。高质量发展绝不能搞拉郎配，必须充分尊重各地实际情况和发展特色，最大限度地释放各自比较优势。只有实现各地区的高质量发展，才能实现黄河流域的高质量发展，不断夯实黄河流域高水平安全的基础。最后，统筹发展与安全要求不断推动黄河流域治理体系和治理能力现代化，优化黄河流域生态保护和高质量发展的体制机制。黄河流域生态保护和高质量发展的底层逻辑是解决生态条件的不可分性与发展优势多样性之间的矛盾，这一矛盾集中体现为制度选择问题。必须在确保划设生态红线和底线、构筑生态安全屏障的基础上，最大限度地释放不同地区的发展潜能，步入高质量发展的新赛道。其中，生态安全是沿黄各地区的最大公约数，高质量发展是沿黄各地区的最小公倍数。如何在黄河流域区域协调发展过程中构建满足两个基本要求的恰当制度框架，推动黄河流域治理体系和治理能力现代化，是实现黄河流域生态保护和高质量发展战略目标的关键课题。为此，本文在对黄河发展战略的历史演变进行分析的基础上，探索黄河治理的制度选择和未来改革方向。

## 三　从开发黄河到保护黄河：党的十八大之前的黄河发展战略

　　在中国历朝历代的治国方略中，治水治河都是大政方针。在新中国成立之前，中国治理黄河更偏重防洪抗旱和引水灌溉，仅仅追求舟楫之便、灌溉之利和避免洪涝灾害，并没有形成产业规划、交通运输、文化旅游、社会民生、生态环境一体化的黄河治理体系，导致所有治河努力不过是头痛医头、脚痛医脚，在上千年内没有实现黄河安澜的治理目标。1949 年以来，在中国共产党领导下，我国充分发挥社会主义制度优势，确立了治理黄河的总体规划。经过一代又一代人的不懈努力，黄河治理取得显著成效，不仅黄河下游河道从未发生决溢和改道事故，而且黄河上游生态涵养条件改善、中游水土流失综合治理明显好转、下游防洪调控能力大大增强，沿黄各地区改变了贫困落后面貌，整体进入小康社会，实现了黄河安澜和人民安康的治水奇迹。新中国成立以来的黄河治理可以分为以下两个阶段。

### （一）开发黄河阶段（1949～1978年）

对于开发和治理江河，中国共产党一直有着比较清醒的认识。早在1947年，毛泽东在陕北佳县时就提出："没有黄河，就没有我们这个民族啊！"新中国成立后，面对百废待兴的社会局面，中共中央高度重视开发和治理黄河，旨在变黄河之害为黄河之利。在1949年华北地区刚刚解放之际，党中央就决定修建引黄灌溉济卫工程，拉开了黄河下游大规模开发和治理的序幕。面对历史上频发的黄河洪涝灾害，毛泽东主席在1952年10月底11月初先后到济南、徐州、兰考、开封、郑州、新乡等地对黄河进行实地考察，发出了"要把黄河的事情办好"的伟大号召，成为社会主义革命和建设时期黄河发展战略的总方针。[1]

在周恩来总理的领导下，中央组织研究开发和治理黄河问题。1953年，周恩来总理将开发和治理黄河列入苏联援助156个工程项目之一，成立黄河规划委员会，并邀请苏联专家参与指导，共同编制黄河流域开发和治理规划。在充分吸取历史经验教训和广泛听取国内外专家意见的基础上，针对黄河泥沙难题，完成了《黄河综合利用规划技术经济报告》，这是中国历史上第一份综合开发和治理江河的规划报告。在这一规划报告基础上，国务院副总理邓子恢在1955年推出了《关于根治黄河水害和开发黄河水利的综合规划的报告》，对黄河水利资源丰富、水旱灾害频发、社会灾祸危险等情况进行了全面调研，并对历史上治河经验教训进行了冷静评估，提出了根治黄河水害和开发黄河水利的综合规划。[2] 1955年7月30日，一届全国人大二次会议审议通过了《关于根治黄河水害和开发黄河水利的综合规划的决议》（以下简称《综合规划》），明确了"节节蓄水、层层拦

---

[1] 《跟着毛主席的足迹看黄河》，http://news.youth.cn/sz/201910/t20191020_12098296.htm，最后访问日期：2025年4月8日。

[2] 《关于根治黄河水害和开发黄河水利的综合规划的报告》，https://www.gov.cn/test/2008-03/06/content_911471.htm，最后访问日期：2025年3月11日。

泥、梯级开发、综合利用"的方针和除害与兴利相结合的原则，统筹防洪、发电、灌溉等目标，成为指导黄河治理的基本文件。根据《综合规划》，时任黄河水利委员会主任的王化云规划了 46 个梯级，即修建 46 个水库，采取阶梯蓄水、分段拦沙的办法，把泥沙拦在上中游，最终实现黄河兴利除害，减轻下游防洪压力。[①] 为此，中央在国家层面部署了修建三门峡水利枢纽工程、黄河中游地区大规模植树造林运动和水土保持工程以及开展下游河道治理工作，标志着黄河治理进入系统治理阶段。

根据黄河流域规划，三门峡水利枢纽于 1957 年动工，于 1960 年 9 月提前蓄水使用，后来又经过近 20 年的时间改建，先后解决了水库泥沙淤积等治河难题，从无水库的宽河固堤到有水库的蓄水拦沙再到蓄清排浑和调水调沙，中国开发和治理黄河的认识在层层推进，先后修建了三门峡、小浪底、刘家峡、龙羊峡等干支流水利枢纽和一大批平原蓄滞洪工程，水沙调控工程体系、引黄灌溉工程体系日益完善，上中游的水土保持和小流域治理成效显著，在清淤、防洪、发电、灌溉等方面取得了举世瞩目的成就，产生了巨大的经济社会效益。1949 年至 1978 年，开发和治理黄河已经取得明显成效，实现了下游河水不断流、河道不抬高、河水不改道，甚至出现了河道下切趋势，大大提升了防洪标准，彻底解决了凌汛灾害问题，并满足了下游灌溉和城乡用水的需求，治理黄河、除害兴利的实践充分彰显了社会主义制度的优越性。

### （二）保护黄河阶段（1978~2012 年）

党的十一届三中全会召开之后，党和国家工作重心转移到经济建设上来，我国步入改革开放和社会主义现代化建设新时期。随着改革开放和现代化建设的深入，经济社会发展对黄河水资源的需求越来越大，工业化进程加快造成了越来越严重的环境污染问题，水资源短缺、生态环境污染和黄河断流等问题成为黄河治理面临的新挑战。

面对黄河水资源短缺和生态环境污染问题，党中央在坚持开发和保护黄河理念的基础上，提出了"维持黄河健康生命"的理念，统筹推进生态安全和水资源

---

① 郭书林、王瑞芳：《从治标到治本：新中国成立初期的黄河治理》，《兰州学刊》2017 年第 3 期。

分配，在治理重点上实现了从开发黄河到保护黄河的转型。党的十一届三中全会以后至 2012 年，邓小平、江泽民、胡锦涛等党和国家领导人高度重视黄河治理和开发。1979 年 7 月下旬，邓小平到山东视察，得知青岛居民饮水难时指出，"一定要让老百姓有水吃，青岛连水都没有，搞开放旅游业是不行的，要赶快解决水的问题"[①]。此后，邓小平多次强调加强黄河下游防洪工程建设，关注黄河水资源分配问题，号召各地兴修水利和植树造林，强调坚持土地的合理开发利用，防止过量开荒造成环境恶化。针对黄河水资源短缺问题，江泽民强调必须坚持开源、节流、保护三者并重，综合运用经济、技术、行政的措施。[②] 同时，"要加强流域水资源统一管理和保护，实行全河水量统一调度"[③]。2006 年 11 月，胡锦涛强调黄河治理必须认真贯彻落实科学发展观，坚持人与自然和谐相处，全面规划、统筹兼顾、标本兼治、综合治理，加强统一管理和统一调度，进一步把黄河的事情办好，让黄河更好地造福中华民族。[④] 在开发和保护黄河的实践中，2001 年 6 月 12 日，时任水利部部长汪恕诚针对黄河存在的几个问题，提出新时期黄河治理的四大目标——堤防不决口、河道不断流、河床不抬高、污染不超标，黄河治理越来越重视包括保护生态环境在内的综合治理目标。在党中央统一领导下，改革开放和社会主义现代化建设新时期的黄河发展战略取得了新的历史性成就。

一是黄河水利工程持续加固，实现了堤防不决口的目标。1991 年 4 月 9 日，七届全国人大四次会议批准小浪底水利枢纽工程列入国家计划，于 1994 年 9 月主体工程开工，一直到 2001 年 12 月 31 日全部竣工，这是黄河干流上的一座集减淤、防洪、防凌、供水灌溉、发电等于一体的大型综合性水利工程，对控制黄河洪水、拦截泥沙、减缓黄河下游河道淤积、为下游工农业用水增加可利用水源具有重要意义。同时，黄河中下游地区开展大规模堤防建设，逐步形成了集防洪保障线、抢险交通线和生态景观线于一体的标准化堤防体系。自新中国成立以来，黄河治理创造了超过 70 年没有发生溃堤决口的历史纪录。

---

① 《邓小平与山东》，https://www.dzwww.com/xinwen/shandong/sdszzt/dengxiaoping/wenzhang/200408200509.htm，最后访问日期：2025 年 2 月 11 日。
② 《江泽民文选》（第二卷），人民出版社，2006，第 354~355 页。
③ 《江泽民文选》（第二卷），人民出版社，2006，第 355 页。
④ 《胡锦涛温家宝就纪念人民治理黄河 60 年作重要指示》，https://www.gov.cn/ldhd/2006-11/07/content_435028.htm，最后访问日期：2025 年 1 月 8 日。

　　二是黄河水资源统筹日益精准，实现了河道不断流的目标。针对黄河断流和水资源短缺问题，鼓励沿黄各省区大力发展集约型农业，出台农村、城市、工业基地等节约用水规章制度，加强水资源节约与保护。同时，实行黄河水资源统一调度制度，国家计委、水利部于 1998 年联合颁布《黄河水量调度管理办法》，水利部黄河水利委员会根据国务院授权自 1999 年正式实施黄河水量统一调度，先后颁布了《黄河水量调度条例》《黄河水量调度条例实施细则（试行）》《黄河下游水量调度工作责任制（试行）》《黄河水量调度突发事件应急处置规定》《黄河流域抗旱预案（试行)》《黄河干流抗旱应急调度预案》等文件，将黄河水量纳入统一调度体系，已经实现了黄河连续 25 年不断流。

　　三是黄河水土保持和调水调沙取得突破，实现了河床不抬高的目标。加强对黄河本身的保护和改造，健全水沙调节机制，完善以骨干水库等重大水利工程为主的调控体系。《中华人民共和国黄河保护法》第 61 条规定总结了创造性实施调水调沙的经验，"国家完善以骨干水库等重大水工程为主的水沙调控体系，采取联合调水调沙、泥沙综合处理利用等措施，提高拦沙输沙能力。纳入水沙调控体系的工程名录由国务院水行政主管部门制定"[1]。同时，恢复黄河中游水土保持委员会，成立黄河中游治理局，加强黄河中上游水土保持工作，推进小流域综合治理。1982 年 5 月，国务院批准成立全国水土保持工作协调小组，并发布《水土保持工作条例》。1991 年 6 月，七届全国人大常委会第 20 次会议通过《中华人民共和国水土保持法》。2001 年 3 月，启动黄河水土保持生态工程。所有这些举措对于保护黄河产生了积极效果，形成了"千家万户治理千沟万壑"的局面，黄河连续 20 年调水调沙使下游河道主河槽平均降低 2.6 米[2]，自 2000 年以来黄河再未出现过断流。

　　四是黄河流域生态保护走实走深，实现了污染不超标的目标。20 世纪 90 年代后，为保护日益恶化的生态环境，中央在顶层设计中将水生态保护纳入黄河流域综合规划，积极构建黄河流域水资源和水生态保护体系。1999 年 8 月，推出

----

①　《水利部关于印发黄河水沙调控体系工程名录的通知》，http://mwr.gov.cn/zwgk/gknr/202404/t20240412_1709072.html，最后访问日期：2025 年 3 月 2 日。

②　王浩：《黄河连续 20 年调水调沙——下游河道主河槽平均降低 2.6 米》，《人民日报》2021 年 7 月 9 日，第 7 版。

"退耕还林、封山绿化、以粮代赈、个体承包"的政策措施。2002 年，三江源生态保护行动工程启动，推动开展黄河上游退耕还林（草）、生态移民和生态修复等工作，改变落后的农牧业生产方式。同时，加强黄河中游荒漠化治理和水土流失治理，推进植树造林，加强对中下游支流和重要湿地的生态补水与保护，促进水系生态的复苏与繁荣，筑牢沿黄各地区生态安全屏障，黄河流域生态环境保护成效明显，黄河水质到 2020 年实现了污染不超标。

## 四　黄河流域生态保护和高质量发展：党的十八大以来的黄河发展战略

尽管黄河流经 9 省区，各地生态基础、资源优势、发展方式存在很大差异，发展不平衡不充分问题尤为突出，但归根结底黄河流域同属一个生态体系，山水林田湖草沙是一个生命共同体。一部治理黄河的历史，也是一部治国史，其核心问题是能否统筹沿黄各地区经济社会发展，形成区域协调发展的人与自然生命共同体。习近平总书记指出，"治理黄河，重在保护，要在治理"①。新中国成立之前，历朝历代的治河努力均没有摆脱河患威胁；新中国成立之后，在中国共产党的坚强领导下，实现了黄河从一条忧患之河、灾害之河转变为一条安澜之河、利民之河。总结自古以来中国治理黄河的历程，决定黄河究竟是利还是害的关键为是否实现治理体系和治理能力的现代化，只有把保护和开发结合起来，统筹发展与安全，才能实现黄河的永续发展。

黄河流域治理体系与治理能力现代化是中国式现代化的一部分。党的十八大以来，习近平总书记多次考察黄河流域生态保护和经济社会发展情况，走遍了黄河上中下游 9 省区，逐渐形成了习近平生态文明思想指导下的黄河治理观，着眼于生态文明建设全局，指引着黄河流域走上生态优先、绿色发展的新征程。2019 年 9 月 18 日，习近平总书记在郑州主持召开黄河流域生态保护和高质量发展座谈会时强调："共同抓好大保护，协同推进大治理，着力加强生态保护治理、保障黄河长治久安、促进全流域高质量发展、改善人民群众生活、保护传承弘扬黄河文

---

① 《在黄河流域生态保护和高质量发展座谈会上的讲话》，http://www. qstheory. cn/dukan/qs/2019-10/15/c_1125102357. htm，最后访问日期：2025 年 3 月 4 日。

化，让黄河成为造福人民的幸福河。"① 黄河流域生态保护和高质量发展上升为国家战略，被定位为"事关中华民族伟大复兴和永续发展的千秋大计"。2021年10月8日，《黄河流域生态保护和高质量发展规划纲要》发布，成为指导黄河流域生态保护和高质量发展的纲领性文件。2025年1月20日，中共中央政治局召开会议，审议《关于全面推动黄河流域生态保护和高质量发展的意见》，对持续完善黄河流域生态大保护大协同格局作出进一步部署，推动发展方式全面绿色转型。显然，与之前单纯强调开发和单纯强调保护不同，党的十八大以来，黄河发展战略的核心逻辑是站在人与自然和谐共生的战略高度，致力于实现"让黄河成为造福人民的幸福河"的战略目标，从系统工程和全局角度确立了统筹国内国际两个大局、统筹发展与安全两个格局的新的治理之道，推动黄河发展战略步入了崭新境界。

一是加强生态环境保护。黄河流域最大的问题是生态脆弱，构建黄河治理体系必须聚焦生态脆弱这一核心矛盾，坚持山水林田湖草沙生命共同体理念，持续完善黄河流域生态大保护大协同格局，上游重视加强水源涵养治理，中游加强水土保持治理，下游落实湿地保护和生态治理，强化综合治理、系统治理、源头治理，持续完善上中下游、干流支流、左右两岸的水生态保护治理体系，筑牢国家生态安全屏障。

二是保障黄河长治久安。黄河流域面临的最大安全威胁是旱涝灾害，构建黄河治理体系必须坚持人民至上、生命至上，持续完善水沙调控和防洪减灾体系，毫不放松保障黄河长久安澜，确保重要堤防水库和基础设施安全。其中，最重要的是牢牢抓住水沙关系调节的"牛鼻子"，健全以水库、河道及堤防、蓄滞洪区为主要组成部分的流域防洪工程体系，构筑保障沿黄各地区人民生命财产安全的稳固防线。

三是推进水资源节约集约利用。黄河流域最大的矛盾是水资源短缺，构建黄河治理体系必须坚持"节水优先、空间均衡、系统治理、两手发力"的思路，把水资源作为最大刚性约束，深挖节水潜力，实施最严格的水资源保护利用制度，

---

① 《习近平在河南主持召开黄河流域生态保护和高质量发展座谈会时强调 共同抓好大保护协同推进大治理 让黄河成为造福人民的幸福河 韩正出席并讲话》，https://www.xinhuanet.com/politics/leaders/2019-09/19/c_1125014627.htm，最后访问日期：2025年2月17日。

持续完善全流域水资源节约集约利用和优化配置体系、用水权交易制度体系，全面增强流域水资源统筹调配能力、供水保障能力、战略储备能力。

四是推动黄河流域高质量发展。黄河流域最大的短板是高质量发展不充分，构建黄河治理体系必须牢固树立绿水青山就是金山银山的理念，坚持保护环境就是保护生产力的新经济发展观，推动生态优先、绿色发展，坚定走绿色、可持续的高质量发展之路。尤其是在新科技革命和产业变革日新月异的背景下，积极发展新质生产力，持续增强数智赋能、科技支撑能力，提高流域保护治理的数字化、网络化、智能化水平，引领产业变革和地区高质量发展。

五是保护、传承、弘扬黄河文化。黄河流域最大的弱项是民生发展不足，构建黄河治理体系必须坚定文化自信，推动黄河文化的创造性转化和创新性发展，筑牢黄河流域高质量发展的根与魂。黄河文化是中华优秀传统文化的重要组成部分，是高质量发展的最大特色优势和发展潜力。推动黄河流域高质量发展，必须坚持因地制宜、分类施策，充分释放沿黄各地区文化品牌优势，培育高质量发展增长极，带动全流域高质量发展，让黄河成为造福人民的幸福河。

中国特色社会主义进入新时代以来，黄河发展战略的伟大实践正在走出一条生态保护和高质量发展的新路。迄今为止，黄河治理越来越从被动治理转变为主动治理，创造了黄河岁岁安澜的历史奇迹，人民群众获得感、幸福感、安全感显著增强，充分彰显了中国共产党的领导优势和中国特色社会主义的制度优势，在中华民族治理黄河的中国历史上和在世界治理大江大河的世界历史上书写了辉煌的篇章。

## 五　制度型开放：优化黄河流域生态保护和高质量发展机制的路径选择

黄河流经 9 个省区，跨越了 4 个生态区和 3 个阶梯，呈现生态一体化和制度复杂性的特征。由于黄河无法实现全流域通航，与长江流域上中下游一体化治理不同，黄河流域生态保护和高质量发展面临分段治理的碎片化问题。但黄河生态体系是一个生命共同体的整体性要求使得沿黄各地区必须树立一盘棋的理念，在开发和治理黄河上采取步调一致的集体行动，由此导致黄河流域高质量发展的一体化与黄河流域生态保护分段治理的多样化之间存在较大制度张力。因此，优化黄河流域生态保护和高质量发展机制，要在治理，根在制度。

中国古代治河战略之所以一再受挫，主要原因是无法实现河政统一，即便是在汉唐盛世时期，各地督抚各怀心思，很难保证顶层设计和战略统一。对于治水我国在古代就设立了专门的官职。据《史记·夏本纪第二》记载，在 4000 多年前舜即位后就任命伯禹为司空，负责治水。[①] 春秋战国以后，各诸侯国均设立了负责治水的水官、都匠水工等官职。公元前 29 年，汉成帝任命王延世为专职河务的"河堤使者"[②]，其俸禄与丞相长史相当。自那之后，历朝历代都设置了负责黄河河务的专职官员，或独立成府或隶属于工部。然而，在皇权专制体制下，治河完全取决于皇帝的意志，负责治河的官员虽然位高但并不权重，且在治河过程中受到其他堂官和封疆大吏的钳制，很多职能无法落到实处。即便明清时期河道官员加授兵部尚书衔，地位与地方总督相当，但实际上却处处受制，导致治河效果大打折扣。

新中国成立以来，中国共产党的集中统一领导和社会主义制度集中力量办大事的制度优势，是黄河开发战略、黄河保护战略和黄河治理战略创造世界治河奇迹的核心密码。从 1952 年毛泽东发出"要把黄河的事情办好"的号召开始，全国上下、沿黄各地区保持了一盘棋的局面，无论是宽河固堤、防御大汛，还是修建大坝、水土保持，包括统一调度水量、编订黄河流域规划，动辄动员数百万民众一起上阵，甚至不计成本投入治河，所有这一切对其他任何国家来说都是难以想象的，此种制度能量确非任何其他国家所能企及。尤其是党的十八大以来，黄河流域生态保护和高质量发展上升为国家战略，习近平总书记亲自擘画、亲自部署、亲自推动，党政军民学一体协同，地方 9 省区协调配合，逢山开路、遇水搭桥，形成了大保护大协同的治理格局。历史教训和实践经验均表明，优化黄河流域生态保护和高质量发展机制，重在制度建设，在优化生态体系的基础上，通过推动制度守正创新，不断开辟实现黄河流域生态保护和高质量发展的新路径。

在推进中国式现代化的历史进程中，推进制度型开放，构建黄河流域高质量发展和高水平安全良性互动机制，是优化黄河流域生态保护和高质量发展机制的

---

① 司马迁：《夏本纪第二》，载《史记》第一册，中华书局，2014。
② 河海大学《水利大辞典》编辑修订委员会编《水利大辞典》，上海辞书出版社，2015。

路径选择。稳步推进制度型开放，是推进中国式现代化的一条重要战略路径。2024 年 7 月 18 日，党的二十届三中全会审议通过了《中共中央关于进一步全面深化改革 推进中国式现代化的决定》，对"完善高水平对外开放体制机制"作出部署，提出"稳步扩大制度型开放"等重大举措。所谓制度型开放，是与强调商品和要素流动的市场型开放相对而言的，强调规则和标准。"稳步推进规则、规制、管理、标准等制度型开放，提升贸易投资合作质量和水平，不断拓展中国式现代化的发展空间。"① 推进黄河流域治理体系和治理能力现代化，归根结底是推进制度型开放，通过构建黄河流域不同省区之间互联互通的制度互补机制和黄河流域与域外地区之间规则和标准流动的制度型开放机制，打造黄河流域生态保护和高质量发展的制度型开放的平台和高地，走出一条黄河流域治理体系和治理能力现代化的新路。

一是打造黄河流域高水平安全的制度平台。黄河流域是我国重要的生态屏障，实现黄河流域长治久安，要求构建高水平安全格局。高水平安全格局涵盖了传统安全和非传统安全、国家安全和国民安全、自身安全和国际安全等众多领域，核心是生态安全和地方水库安全、基础设施安全。2022 年 10 月 30 日，第十三届全国人民代表大会常务委员会第三十七次会议通过了专门针对黄河保护的法律——《中华人民共和国黄河保护法》，它与其他国家安全相关法律一起构成了完善黄河流域高水平安全的法律基础。未来应该建立分区域、差异化、精准管控的黄河流域生态管理制度，健全生态环境监测和评价制度，落实生态保护红线管理制度，健全山水林田湖草沙一体化保护和系统治理机制，切实强化国家生态安全屏障。

二是健全黄河流域高质量发展的制度平台。黄河流域是我国重要的经济带，实现黄河流域高质量发展，要求构建高质量发展格局。黄河流域 9 省区人口总量和地区生产总值均占全国的 30% 左右，是中华文明的主要孕育区，高质量发展意味着释放地区比较优势，探索富有地方经济、社会、文化特色和优势的发展之路。未来应该在充分尊重地区生态特点的基础上，健全黄河流域高质量发展的制度平台，加快构建内外兼顾、陆海联动、东西互济、多向并进的黄河流域改革开

---

① 习近平：《在纪念毛泽东同志诞辰 130 周年座谈会上的讲话》，《人民日报》2023 年 12 月 27 日，第 2 版。

放新格局，提升黄河流域高质量发展水平。相比于长江经济带、粤港澳大湾区和京津冀地区，黄河流域高质量发展应突出做好黄河生态和黄河文化两篇文章。在黄河生态上坚持分类施策、错位发展原则，上游守护中华水塔，完善包括三江源国家公园体制试点在内的生态涵养制度；中游抓好治水治沙，创新生态治理和特色产业有机结合的生态发展制度；下游保护湿地开发，建设人与自然和谐共生的城市群和产业群。在黄河文化上坚持文化自信、文明互鉴原则，推进黄河文化遗产的系统保护，强化数字化智能化对黄河文化的科技赋能，为黄河流域科技创新、产业变革和经济社会发展不断注入黄河文化的品牌竞争力。

三是完善黄河流域高水平开放的制度平台。统筹高质量发展和高水平安全，要求构建高水平开放的制度平台。黄河承载着中华民族的历史，也承载着中华文明与世界文明交流互鉴的未来。新时代的对外开放不仅仅是商品和要素流动的市场型开放，更是规则和标准的制度型开放。制度型开放为黄河流域推进高水平开放开辟了广阔的空间，要求沿黄各地区积极对接包括自由贸易试验区在内的开放发展平台，积极参与共建"一带一路"国际合作，积极参与全球治理体系建设，积极总结黄河治理经验，推进安全规则、规制、管理、标准等领域的制度型开放，打造内陆开放新高地，将治理黄河的中国经验总结为大江大河治理的普遍知识，提升中国式现代化的国际话语权与世界影响力，形成多向并进、内外兼顾、陆海联动的高水平开放新局面。

# 六　结论

黄河是中华民族的母亲河，黄河流域生态保护和高质量发展是实现中华民族伟大复兴和永续发展的千秋大计。在世界大江大河的治理史上，中国共产党带领中国人民团结奋斗，在 70 余年的时间内，实现了 2000 多年没有实现的黄河安澜梦想，创造了彪炳史册的历史奇迹。总结历史经验，治理黄河重在保护，要在治理，根在制度。中国特色社会主义制度是黄河安澜的治理密码，也是大江大河治理的中国智慧，具有普遍的理论意义和重要的实践意义。

随着中国开启全面建设社会主义现代化国家新征程，以推进中国式现代化实现中华民族伟大复兴，成为新征程的治国方略。在这一治国方略中，推进黄河流域生态保护和高质量发展成为中国式现代化的战略之一。实践证明，优化黄河流域生态保护和高质量发展机制，是实施这一战略的必由之路。展望未来，优化黄河流域生态保护和高质量发展机制，重在制度建设，必须在优化生态体系的基础上，坚持制度自信，推动制度型开放，开辟实现高质量发展的新制度路径，真正让黄河流域生态保护和高质量发展的能量得到充分释放。

〔作者赵可金，清华大学社会科学学院教授〕

（责任编辑：张书琬）

# 中国式现代化与外贸高质量发展：理论机制与实践路径

殷晓鹏　肖艺璇

**摘　要**：本文聚焦中国式现代化与外贸高质量发展的关系，从新时代我国国际贸易发展现状入手，厘清国际贸易助推中国式现代化的理论机制，探讨中国式现代化如何重塑我国外贸发展范式，进一步提出在中国式现代化背景下实现贸易强国的实践路径。研究表明，我国国际贸易在货物、服务和数字贸易领域取得显著进展，通过规模经济、全球竞争、技术溢出、消费升级等机制推进中国式现代化，而中国式现代化也促使我国国际贸易在竞争优势、输出内容和规则引领等方面发生范式转变。在全球经济格局深度调整、逆全球化思潮泛起的背景下，中国式现代化的内涵与特征为我国外贸发展提供了全新的战略指引和发展机遇。

**关键词**：中国式现代化；外贸高质量发展；贸易强国

## 一　引言

高质量发展是全面建设社会主义现代化国家的首要任务。作为世界第二大经济体，我国的高质量发展离不开高水平对外开放。党的二十大报告明确指出，推动货物贸易优化升级、创新服务贸易发展机制、发展数字贸易、加快建设贸易强国是推进高水平对外开放的关键环节。在 2023 年 9 月中共中央政治局第八次集体学习中，习近平总书记进一步强调，要练就驾驭高水平对外开放的过硬本领。尽管当前外部环境的复杂性、严峻性、不确定性增强，但我国外贸持续向好有基础、有条件，国际经贸新形势下的全球经济结构的深度调整，是我国外贸高质量发展、推进贸易大国向贸易强国转型升级的发展契机。推动外贸高质量发展，是促进我国经济发展质量变革、效率变革、动力变革的必然举措，更是我国建设现代化经济体系的重要内容和迫切要求。

经典的国际贸易理论如比较优势理论、要素禀赋理论、新新贸易理论等，都是基于西方经验强调通过国际贸易实现资源优化配置，而中国式现代化是在资源优化配置的基础上强调独立自主、内外市场协调、产业升级和可持续发展，进而探索出一条既融入全球化又注重自主创新的发展道路。这不仅是对中国共产党领导的中国式现代化实践的高度凝练，具有鲜明的中国特色与时代特征，更为全球贸易体系提供了新的实践范例，丰富了国际贸易理论的内涵。

研究中国式现代化与外贸高质量发展之间的内在联系，探索两者协同发展的理论机制与实践路径，具有重大意义。从理论层面来看，中国式现代化突破了传统现代化理论的西方中心主义视角，强调独立自主和可持续发展，通过研究其与外贸高质量发展的内在联系，可以为发展经济学和国际贸易理论提供新的视角和案例，丰富和完善国际贸易理论体系，深入剖析在中国式现代化背景下国际贸易发展的新特征、新规律和新机制，为后续研究提供理论支撑。从现实层面来看，一方面，国际贸易作为联通国内国际市场、面向世界优化资源配置的有效途径，关系到我国经济增长、就业稳定、产业升级、消费升级等，是我国国民经济增长的发动机和助推器。而中国式现代化涵盖人口规模巨大、全体人民共同富裕、物质文明和精神文明相协调、人与自然和谐共生以及走和平发展道路等多个维度，这些维度相互交织，能为我国制定科学合理的贸易政策、优化贸易结构、增强贸易竞争力提供决策依据，深刻影响着我国国际贸易的发展方向、范式转变和战略选择。另一方面，中国式现代化强调高质量发展、创新驱动和开放合作，通过技术创新、产业升级、绿色转型和制度创新，推动外贸向智能化、服务化和多元化升级。这种协同发展模式不仅能为全球经济发展提供中国方案，更能优化全球价值链分工、增强全球产业链和供应链韧性、推动包容性增长和可持续发展，为构建更加公平合理的国际秩序贡献中国智慧和中国力量。

## 二　新时代我国国际贸易发展的现状与挑战

### （一）外贸总量、增量、质量"三量"齐升

总量方面，货物贸易与服务贸易规模持续扩大。在货物贸易领域，2024 年我国货物贸易进出口总额达 43.85 万亿元，同比增长 5%。其中，出口规模首次突破 25 万亿元，达 25.45 万亿元，同比增长 7.1%，连续 8 年保持正增长，展现出强劲的国际竞争力。在服务贸易领域，2024 年我国服务贸易进出口总额达 7.52 万亿元，同比增长 14.4%。我国在全球贸易体系中的影响力显著增强，货物贸易规模稳居世界首位，服务贸易规模位列全球第二，贸易大国地位进一步巩固。

增量方面，高科技产品与知识密集型服务发展亮眼。在货物贸易领域，高科技产品加速出海，2024 年我国机电产品出口同比增长 8.7%，占比提升至 59.4%，其中高端装备出口同比增长超 40%，电动汽车、3D 打印机、工业机器人出口分别同比增长 13.1%、32.8% 和 45.2%，高端制造竞争力不断增强。进口呈现多元化趋势，机电产品进口同比增长 7.3%，大宗商品进口量同比增长 5%，有效满足了国内产业升级和消费升级的需求，推动了我国制造业向高端化、智能化、绿色化方向迈进。在服务贸易领域，知识密集型服务成为主要增长点，电信计算机和信息服务等领域增速显著，显示出我国数字经济产业国际竞争力的增强。个人文化和娱乐服务、知识产权使用费同比增幅分别为 29.5% 和 8.7%，反映出我国对高端技术和创新资源的需求显著增强。

质量方面，产品结构多元化高质量发展模式、贸易创新发展模式不断涌现。在货物贸易领域，传统优势出口产品焕发新活力，"老三样"逐步向个性化、高端化、智能化升级，与"新三样"协同发展，推动我国外贸向高质量方向迈进。在服务贸易领域，线上服务贸易规模迅速扩大，远程办公、在线教育、数字医疗等新兴服务模式逐渐成为服务贸易的重要组成部分。与此同时，我国也积极推动服务贸易自由化和便利化，建设服务贸易创新发展试点地区，探索负面清单管理模式，优化服务贸易营商环境，吸引大量国际服务企业入驻，促进了服务贸易的创新发展。此外，自 2013 年 9 月起，我国陆续建成 22 个自由贸易试验区，涵盖东中西部地区，各区域协调发展状况不断优化。

### （二）数字贸易为开放与发展注入新动能

我国数字贸易发展迅猛，规模持续扩大，在进出口总额中的比重不断增加。《中国数字贸易发展报告 2024》显示，2023 年我国可数字化交付服务进出口规模达 2.72 万亿元，同比增长 8.5%；跨境电商进出口额达 2.37 万亿元，同比增长 15.3%，规模和增速再创历史新高。2024 年上半年，我国可数字化交付服务贸易额为 1.42 万亿元，同比增长 3.7%；跨境电商进出口额为 1.22 万亿元，同比增长 10.5%。大数据、云计算、人工智能、区块链等数字技术加速创新，与传统贸易深度融合，作用于我国经济社会发展各领域、全过程，展现出强劲的发展韧性。例如，阿里巴巴国际站利用大数据分析消费者需求，为商家提供精准的市场信息，帮助企业提升出口效率；同时，区块链技术在贸易中的应用也逐渐增多，能够持续增强贸易数据的安全性并提高可信度，降低贸易风险。数字贸易已然成为我国外贸发展的新趋势和经济的新增长点，对建设更高水平开放型经济新体制与中国式现代化具有重要意义。

我国积极参与全球数字贸易治理体系的构建，致力于推动多边和区域数字贸易规则的制定与完善。首先，我国推进加入《全面与进步跨太平洋伙伴关系协定》（CPTPP）和《数字经济伙伴关系协定》（DEPA）等高标准国际协定，在数据跨境流动、数字知识产权保护、数字税收等领域提出了符合自身利益的规则主张。其次，我国提出《全球数据安全倡议》和《全球人工智能治理倡议》，为国际数字贸易治理贡献中国方案，倡导构建开放、包容、公平、非歧视的数字贸易环境。最后，我国与东盟、中亚、金砖国家等区域伙伴加强数字贸易合作，推动数字基础设施互联互通和数字技术共享，逐步扩大在数字贸易规则制定中的话语权和影响力，为全球数字贸易的可持续发展注入新动力。

### （三）外贸发展面临国内外环境挑战

在外部环境方面，全球经济增长放缓、通胀压力增大以及地缘政治冲突，使我国外贸面临挑战。全球供应链加速调整，一些国家推行"近岸外包"和"友岸外包"策略，试图削弱我国在全球产业链中的优势。联合国贸易和发展会议发布的《2024 年世界投资报告》显示，地缘政治冲突与贸易保护主义正深刻扰乱全球经济，使贸易网络、监管环境和供应链体系日益分化。尽管全球经济增长仍能在一定程度上支撑外需，但当前国际局势复杂，贸易保护主义和单边主义抬头，美国等发达国家强化本土制造政策，特别是特朗普政府推行的关税政策，不仅加大对外转嫁压力，也进一步冲击我国外贸环境。此外，区域贸易协定调整和部分国家鼓励制造业回流的政策，限制了我国企业海外拓展的空间，加剧了未来外贸发展的不确定性和复杂性。

在内部环境方面，从关键行业领域来看，我国部分产业仍处于全球价值链的中低端，面临技术壁垒、贸易摩擦加剧、附加值低及"卡脖子"风险等挑战。2024 年我国进口集成电路达 5492 亿块，同比增长 14.51%，金额高达 3856 亿美元，同比增长 10.36%。尽管出口集成电路金额同比增长 17.4%，达到 1595 亿美元，但贸易逆差仍为 2261 亿美元，成为外贸的最大"缺口"。其中，处理器及控制器芯片占进口总量的 50%，存储芯片占比约 25%，表明我国在核心零部件供应方面仍存在短板，尤其是在高端制造业领域，处于技术附加值较低且核心技术无法自主可控的中下游环节，对美、德、日、韩等经济体的技术依赖度较高，核心领域的自主可控能力亟待增强。从区域协调发展来看，我国地域间的对外开放步伐与成效仍存在不均衡的现象。2024 年东部地区进出口总值占我国进出口总值的 79.7%，中西部地区外贸增速虽然有所加快，但东西部差距依然较大。中西部地区设立自由贸易试验区普遍较晚，并且在国际贸易中更多扮演资源供给者的角色，各类要素利用效率仍有待提高。

## 三　国际贸易助推中国式现代化的理论机制

### （一）出口需求与规模经济效应

出口作为拉动经济增长的"三驾马车"之一，在我国经济发展中发挥着关键作用。根据克鲁格曼新贸易理论，企业在更大市场中扩大生产规模，能有效降低单位成本，提高生产效率，并加快资本、技术和人才的积累，实现规模效应。在战略性新兴产业和未来产业领域，规模经济不仅有助于降低生产成本，还能增强我国在全球市场的议价能力并扩大主导权。

2024 年，我国外贸规模持续扩大，贸易伙伴数量不断增多，对共建"一带一路"国家的进出口占比超过五成，东盟、金砖国家及其他新兴市场成为我国外贸增长的重要动力，对我国进出口增长贡献率近六成。同时，我国对欧盟和美国等传统市场的贸易仍保持增势，双边贸易量稳步提升。巨大的国际市场需求能够为我国企业提供重要的发展机遇。

一方面，出口需求增长拓宽了国内企业市场空间，促进了生产要素优化配置。企业在满足外部需求的过程中，不断扩大高附加值产品的出口规模，从而增强国际竞争力。基于这一外部市场导向型增长模式，我国产业在全球价值链中的地位逐步提升，实现了从价值链中低端向高端的攀升。[1] 以家电产业为例，受全球需求复苏、新兴市场崛起及海外商家提前备货影响，我国 2024 年全年家电出口数量达 44.8 亿台，比上年增长 20.8%，东南亚、非洲、中东等新兴市场需求快速增长，长虹、海尔等家电企业凭借强大的供应链优势和本土化生产布局，不断扩大生产规模、推动生产流程自动化，提高生产效率、优化供应链管理，借助规模经济效应加速拓展国际市场，成功增强了企业的国际竞争力。

另一方面，规模经济效应在推动产业集群发展方面发挥了重要作用。例如，我国新能源汽车出口的增长不仅直接促进了汽车制造企业的发展，还带动了汽车零部件生产、物流运输、售后服务等相关产业的繁荣。这些产业之间相互依存、协同发展，形成了完整的产业链，强化了产业集聚效应，从而增强了整体竞争力。同时，规模经济效应优化了国内市场与全球市场的联动性，使区域经济形成良性循环。这种基于国际贸易的规模经济效应，助推了中国式现代化的进程，推动了国内产业结构优化，并将持续增强我国在全球市场的竞争力。

### （二）全球竞争与产业升级效应

首先，国际贸易通过淘汰选择效应促进市场出清，进而提升行业整体生产效率。梅利茨异质性企业贸易理论指出，在国际市场上，由于存在关税成本与更高的固定成本，只有生产率更高的企业才能生存并拓展出口市场，而低效率企业则

---

[1] 杨丹辉：《全球产业链重构的趋势与关键影响因素》，《人民论坛·学术前沿》2022 年第 7 期；谭志雄、穆思颖、韩经纬、陈思盈：《新质生产力推动全球价值链攀升：理论逻辑与现实路径》，《重庆大学学报》（社会科学版）2024 年第 4 期。

面临淘汰。① 这一市场筛选机制促使资源向高效率企业集中，从而提升了行业整体生产率。大量文献表明，我国制造业部门在我国加入 WTO 后经历了快速的生产率提升，而关键驱动因素就在于扩大的国际市场准入和出口增长。②

其次，国际贸易通过国际竞争压力驱动企业降本增效、加快技术创新。波特的竞争优势理论强调，在竞争激烈的市场环境中，企业需通过改进生产工艺、优化管理流程等方式增强竞争力，从而促进资源的有效配置与产业升级。在这一过程中，低效率、高污染企业逐步被市场淘汰，而创新能力强、技术优势明显的企业得以存续与发展，推动产业结构优化。以新能源汽车行业为例，中国车企在面临传统汽车厂商的竞争压力时，选择突破动力电池能量密度和智能驾驶核心技术，实现弯道超车，掌握全球汽车市场的竞争优势。2024 年，我国新能源乘用车的全球市场份额突破 70%。这表明国际竞争正在加速我国高技术制造业的发展，并推动国内产业迈向全球价值链高端。

最后，数字贸易、绿色贸易需求持续促使国内产业链向高附加值环节延伸，推动了产业链升级与供应链重构。以光伏产业为例，我国光伏产品连续四年出口额超 2000 亿元，推动产业链从低端制造向高端技术整合升级，形成了"技术突破—市场扩张—产业链协同"升级路径。通过优化要素配置、强化创新动能，我国产业体系的现代化水平不断提高，在全球竞争中展现出更强的可持续发展能力，为中国式现代化奠定了兼具效率提升与环境友好的产业基础。

### (三) 外资引进与技术溢出效应

吸引外资是我国深度参与国际贸易、推动经济高质量发展的重要途径。大量外资的流入不仅为我国带来了先进的技术、管理经验和资金，还促进了产业结构升级和全球竞争力增强。内生经济增长理论认为技术进步是经济增长的核心动力，而外资流入在这一过程中发挥了关键作用，特别是在高端制造业和现代服务业领域，外资的技术溢出效应能够显著增强本土企业的创新能力与国际竞争力。

① M. J. Melitz, "The Impact of Trade on Intra-Industry Reallocations and Aggregate Industry Productivity," *Econometrica*, 2003, p. 71.
② L. Brandt, J. Van Biesebroeck, L. Wang, and Y. Zhang, "WTO Accession and Performance of Chinese Manufacturing Firms," *American Economic Review*, 2017, p. 107.

过去我国依赖劳动密集型产品出口，而随着技术进步和产业升级，高端制造业、数字贸易、绿色产品出口占比逐步提升，体现出从低成本竞争向创新驱动竞争的转变，中国国际贸易的比较优势正在发生转变。

新质生产力的形成是中国突破全球价值链低端锁定困境的重要途径①，而外资的技术溢出效应正是这一过程的重要驱动因素。大量外资企业在华设立研发中心和先进制造基地，除了提供资金支持和技术引进外，还通过人才流动、供应链协作和产业集群效应，加速本土企业的技术学习水平与创新水平提升。这不仅有助于提升中国整体产业水平，还推动了制造业和服务业的深度融合，实现了产业升级。此外，服务贸易的高质量发展同样受益于外资企业带来的先进管理模式和数字技术创新。江小涓和孟丽君的研究发现，外资企业的管理经验和技术进步显著提高了中国服务贸易的效率并增强了竞争力，为中国式现代化的全面推进提供了有力支撑。②

外资的技术溢出效应通过人才流动、产业关联等渠道进一步放大。外资企业培养的技术人才和管理人才向国内企业流动，促进了先进技术和管理经验的扩散；同时，外资企业与国内供应商之间的产业协作、贸易便利化以及全球价值链嵌入水平的提升，使中国企业能够更高效地利用外资企业的技术资源，降低出口企业的库存水平，提高供应链效率。并且，这一效应还会促使国内企业改进生产技术、提升产品质量，推动高技术产品的出口占比持续上升，最终实现全球价值链的跃升。③

### （四）进口贸易与国民福利效应

首先，进口贸易使得国外优质产品和服务可及性增强，促进了我国居民消费结构优化，提升了消费者福利水平。2024 年我国消费市场稳步增长，社会消费品零售

---

① 谭志雄、穆思颖、韩经纬、陈思盈：《新质生产力推动全球价值链攀升：理论逻辑与现实路径》，《重庆大学学报》（社会科学版）2024 年第 4 期。

② 江小涓、孟丽君：《服务贸易增速提质与加快构建新发展格局》，《财贸经济》2022 年第 11 期。

③ 段文奇、景光正：《贸易便利化、全球价值链嵌入与供应链效率——基于出口企业库存的视角》，《中国工业经济》2021 年第 2 期；梁炜昊：《中国式现代化视角下我国对外贸易高质量发展研究》，《价格月刊》2023 年第 11 期。

总额达到 48.8 万亿元，同比增长 3.5%。同时，2024 年我国货物贸易进口额为 18.39 万亿元，同比增长 2.3%；服务贸易进口额为 4.35 万亿元，同比增长 11.8%。

其次，根据林德假说，两国收入水平越相似，贸易结构也越相似。[①] 随着我国人均收入水平不断提高，贸易种类也更加多元化，国际贸易通过丰富的商品种类提升了居民消费水平。2024 年全年我国跨境电商新业态进出口额达到 2.63 万亿元，涵盖智能家居、绿色食品等新兴领域，使居民消费选择多样性增强，满足了我国居民对高端、智能、绿色产品的需求，国际贸易的发展显著扩大了高质量消费品的供应规模。

最后，国际贸易通过扩大市场规模、优化产品供给和促进产业升级，创造了就业机会，提升了居民收入，进而提升了社会整体福利水平。此外，国际贸易带来的进口竞争促使同类商品国内市场价格下降，进一步提升了消费者福利水平。在未来，首发经济、跨境消费等新场景将进一步释放超大规模市场潜力。依托超大人口规模和持续提升的城镇化水平，我国消费市场的潜力依然巨大。而国际贸易的深度融合将进一步提升消费者福利水平，为中国式现代化提供可持续动力。

## 四　中国式现代化重塑我国对外贸易的发展范式

### （一）从单一成本优势到综合竞争优势

高质量发展是全面建设社会主义现代化国家的首要任务，新发展理念推动我国对外贸易从低成本竞争向综合竞争转型。过去，我国对外贸易主要依靠劳动力成本和资源成本优势参与国际竞争，但随着国内经济结构调整和全球竞争格局的演变，单一成本优势贡献度降低，而中国式现代化则通过多种方式强化了我国外贸综合竞争优势。

首先，中国式现代化通过强化科技创新，助力我国对外贸易构建核心竞争优势。近年来，国内企业不断加大研发投入力度，增强自主创新能力，积极培育新质生产力。2024 年，我国研发投入占比达到 2.68%，在全球主要经济体中排名第 12，超过欧盟国家 2.11% 的平均水平，并进一步接近经济合作与发展组织

---

① S. B. Linder, *An Essay on Trade and Transformation*, Stockholm：Almqvist & Wiksell, 1961.

（OECD）国家 2.73% 的平均水平。这一趋势与我国整体创新能力的增强相辅相成。2024 年，我国全球创新指数排名升至第 11 位，成为过去十年创新能力增强最快的经济体之一。在此推动下，人工智能、量子计算、新能源、生物医药等前沿领域的技术突破不断涌现，显著增强了我国经济的核心竞争力。

其次，中国式现代化通过推动全产业链体系的完善、产业结构的优化升级以及内外循环的协同发展，进一步巩固我国的综合竞争优势。作为全球唯一拥有联合国产业分类中全部工业门类的国家，我国构建了从基础原材料到高端装备制造、从传统制造业到高新技术产业的完整产业体系，这不仅增强了国内产业的自主可控能力，还增强了国际竞争力。在面对市场波动、原材料价格上涨、贸易摩擦等挑战时，全产业链模式能够通过内部协同调整和资源调配降低风险，增强供应链的韧性和稳定性。产业链上下游的紧密联动能够有效促进国内市场与国际市场的深度融合，使国内企业在满足国内需求的同时，更好地开拓国际市场。

最后，中国式现代化进程推动科技创新和绿色低碳发展，加快新兴产业的培育和传统产业的转型升级，使我国对外贸易更加多元化、高端化和可持续，为全球数字转型、绿色转型作出重要贡献。

### （二）从商品货物输出到中国模式输出

在中国式现代化进程中，我国对外贸易模式从传统的商品货物出口转型升级，服务贸易和数字贸易成为中国外贸新增长点①，为全球服务贸易发展、数字经济发展提供了中国方案。

中国式现代化在推动高质量发展、优化营商环境和深化对外开放的过程中，为服务贸易的繁荣发展提供了强大动力。通过优化经济结构，我国在金融、教育、医疗、文化、法律、咨询等高附加值服务行业形成竞争优势，同时制造业与服务业的深度融合，如智能制造、工业互联网、供应链管理等，显著提升了我国在全球价值链中的话语权。② 这一向外输出的模式，为其他国家提供了产业升级

---

① 江小涓、孟丽君：《服务贸易增速提质与加快构建新发展格局》，《财贸经济》2022 年第 11 期。
② 马宇轩、刘晓亮：《贸易强国视角下数字贸易对我国全球价值链嵌入的影响——基于 2012—2021 年样本数据的分析》，《商业经济研究》2023 年第 16 期。

的路径参考。此外，我国不断优化营商环境，通过完善法律法规、加强知识产权保护、优化审批流程等措施，提高了服务贸易的效率和透明度，并通过负面清单管理模式和跨境贸易便利化改革，为国际合作提供了制度创新的范本。这种兼具市场活力与政府调控的模式，为全球发展中国家推进现代化、增强服务贸易竞争力提供了中国方案。

在数字经济领域，中国式现代化通过加强数字基础设施建设、推动数字技术创新、优化数字贸易规则等多方面举措，既推动了我国数字贸易发展，又促进了全球数字经济转型。我国依托 5G 网络、云计算、大数据、人工智能等先进技术，已构建起全球领先的高效、智能的数字化贸易体系，使跨境电商、数字支付、智能供应链等新型贸易模式蓬勃发展。例如，阿里巴巴国际站借助人工智能工具、智能合约、电子单据、智慧港口、电子口岸等外贸数字化场景，助力我国出口企业精准对接海外市场，显著提升国际贸易效率；此外，支付宝、微信支付等数字支付平台在东南亚、非洲等地区被广泛应用，既为当地居民提供了便捷的支付手段，有效增强了我国数字贸易的全球竞争力，也推动了国际支付体系的便利化，为全球经济增长注入了新动能。

### （三）从被动适应规则到主动引领规则

中国式现代化不仅推动我国经济高质量发展，也促进我国在全球贸易治理体系中的角色从被动适应向主动引领转变。长期以来，我国主要遵循既有国际贸易规则进行对外贸易，但随着经济实力和产业竞争力的增强，中国式现代化进一步强调深化对外开放、增强规则制定能力，并通过积极参与国际经贸合作，扩大在全球贸易治理体系中的影响力。

在多边贸易合作领域，基于 WTO 框架，我国积极推动多边贸易体制的改革，致力于构建更加公平、公正、透明的国际贸易规则。以电子商务领域为例，我国倡导制定有利于发展中国家的贸易规则，推动数字贸易便利化，加强数字知识产权保护，并促进全球数字经济的健康发展。此外，我国还通过主导和推动《区域全面经济伙伴关系协定》（RCEP）等区域贸易协议，为区域贸易自由化和投资便利化提供制度保障，进一步提升我国在国际贸易体系中的制度性话语权。

中国式现代化进程也促使我国在绿色贸易、数字经济等方面积极参与全球规则制定，并发挥引领作用。《中国绿色贸易发展报告 2023》指出，近年来我国绿色贸易保持增长态势，2013 年至 2022 年年均增长率达到 3.18%，全球市场占比提升 2.3 个百分点。作为绿色发展的倡导者，我国推动建立全球绿色贸易标准体系，制定严格的碳排放核算标准和绿色产品认证制度，并积极与国际社会共享经验，促进全球绿色贸易发展。在数字贸易与跨境数据流动领域，我国同样加快规则制定和国际合作步伐，以开放、合作的态度推动构建更加公平、透明、安全的数字贸易环境。这一系列举措不仅提升了我国在全球贸易治理体系中的话语权，也为构建更加包容、可持续的国际贸易体系贡献了中国智慧和中国方案。

## 五　中国式现代化背景下贸易强国的实践路径

### （一）人口规模巨大的现代化：以双循环优化国内外市场联动

我国拥有 14 亿多人口，中等收入群体超过 4 亿人，经营主体接近 1.9 亿个，经济总量超 134 万亿元，超大规模且极具增长潜力的国内市场是我国经济发展的独特优势。在全球产业链重构的背景下，我国应通过深化国内大循环，强化内需市场对外贸的支撑作用，同时加强与共建"一带一路"国家的合作，拓展多元化国际市场，以双循环优化国内外市场联动。[①]

在国内大循环方面，应充分发挥国内市场的规模优势。超大规模市场所产生的有效需求效应可以通过需求牵动供给，进而促进产业升级。建立全国统一大市场，不仅有助于解决当前消费增长面临的突出问题，顺应消费升级趋势，更好地满足人民日益增长的需求，还能将超大规模市场的潜力转化为有效市场需求，强化消费对经济发展的基础性作用，推动我国市场由"大"向"强"转变，从而为现代化经济体系建设提供有力支撑。2024 年，我国各地区和各部门进一步加大扩内需、促消费政策的实施力度，但国内消费不足的问题仍然突出。根据国家统计局数据，2024 年国内实现社会消费品零售总额同比增长 3.5%，低于我国 GDP增速，也低于 2021 年和 2022 年两年平均增速 3.9%。因此，我国国内消费需求仍有进一步优化的空间。提高居民收入水平，尤其是中低收入群体的收入水平，

---

① 　王娟娟：《新通道贯通"一带一路"与国内国际双循环——基于产业链视角》，《中国流通经济》2020 年第 10 期。

将释放巨大的消费潜力，使国内需求成为市场主导力量，推动经济发展走上以内需为主的大国发展道路，降低对外部市场的依赖，增强经济发展的安全性和稳定性。

在国际市场拓展方面，需持续加强国际合作，扎实推进高水平对外开放。高水平对外开放是以高质量发展推进中国式现代化的内在要求。2024 年我国对共建"一带一路"国家进出口同比增长 6.4%，占我国进出口总额的比重首次超过 50%。其中，对东盟进出口增长 9%，我国与东盟连续五年互为第一大贸易伙伴。欧盟仍为我国第二大贸易伙伴，2024 年双方进出口总额占我国进出口总额的 12.8%。通过深化与其他国家的贸易合作，我国能够将具有比较优势的优质产品出口到世界市场，换回短缺的资源要素，从而拓展经济发展的可能性边界，实现经济持续稳定增长；同时也能扩大进口其他国家的特色产品和资源，将"引进来"与"走出去"相结合，增强我国国内企业科技创新能力，进一步实现国内外市场的高效联动，加速构建现代化产业体系。

### （二）全体人民共同富裕的现代化：优化区域开放布局，实现协调发展

优化区域开放布局，实现协调发展，是推动中国式现代化进程中全体人民共同富裕的关键举措。东部沿海地区作为我国对外开放的前沿阵地，应在新时代继续发挥优势，推动高水平对外开放，深化与发达国家的经贸合作，吸引高端技术和人才，加快高端制造业和现代服务业的发展。例如，上海作为我国经济中心，应依托自由贸易试验区，不断探索更高水平的开放政策，吸引众多跨国公司总部和研发中心落户，成为全球资源配置的重要节点。同时，通过推动产业升级，将部分劳动密集型产业向中西部地区梯度转移，促进区域间的产业协调发展。

我国中西部和东北地区拥有丰富的资源与巨大的市场潜力，因此，应加大对这些地区开放的支持力度，构建多层次、多领域的开放格局。例如，可设立内陆开放型经济试验区，建设跨境电商综合试验区，发展特色优势产业，增强区域竞争力。重庆作为中西部地区的制造业重镇，通过大力发展电子信息产业和汽车产业，已成为国家重要的制造业基地，并依托中欧班列（渝新欧）加强与欧洲的经贸往来，拓展国际市场。区域间产业协同，优化资源配置，缩小发展差距，有助于构建全国统一大市场，推动国内市场从"大"向"强"转变。此外，还应加

强基础设施互联互通，促进区域间资源要素的高效流动；同时加大对中低收入群体的支持力度，提高劳动者收入水平，释放消费潜力。在全球产业链重构的背景下，优化区域开放格局，加强国际经贸合作，推动外贸高质量发展，有助于增强中国制造的全球竞争力，最终以更加均衡和可持续的方式推进共同富裕，确保中国式现代化的长期稳定发展。

### （三）物质文明和精神文明相协调的现代化：文化软实力提升贸易附加值

在物质文明与精神文明协调发展的现代化进程中，文化软实力已成为提升贸易附加值的重要驱动力。近年来，我国积极推动新质生产力发展，加快全球价值链攀升，以创新为核心动力，促进高附加值贸易增长。[①] 2023 年中国文化产品贸易进出口总额累计达到 1663.6 亿美元，其中高附加值的版权贸易增长尤为显著。相较于传统制造业，文化创意产业具有更高的附加值，有助于中国摆脱全球价值链"低端锁定"局面，迈向更高层次的产业链。

近年来，中国文化创意产品在国际市场的影响力日益增强，文化作为一种无形资产，深度嵌入贸易产品与服务，显著增强了贸易吸引力与竞争力。在影视领域，《中国动画国际传播报告（2023）》显示，2023 年中国电视动画出口额仅次于电视剧和网络视听节目，占各类节目出口总额的 6.14%，出口时长占中国出口节目总时长的 12.15%。部分热门动画作品融合了中国传统文化元素与现代动漫制作技术，创造出独特的文化体验，在海外得到广泛关注；其衍生产品也凭借精美设计与深厚文化内涵，在国际市场广受欢迎，极大提升了产品附加值。在游戏领域，《2024 年中国游戏出海研究报告》显示，2024 年我国自主研发游戏在海外市场的实际销售收入达 185.57 亿美元，同比增长 13.39%。其中，《黑神话：悟空》2024 年销量达 2800 万套，销售额达 90 亿元，海外玩家约占 1/4，不仅带来了可观的经济收益，还向全球传播了中国文化，增强了我国文化影响力。在旅游领域，我国文旅服务不断创新，文旅收入持续增长，进一步推动服务贸易的发展。

为进一步发挥文化产业对贸易的促进作用，我国应在科技创新、品牌建设和

---

[①] 谭志雄、穆思颖、韩经纬、陈思盈：《新质生产力推动全球价值链攀升：理论逻辑与现实路径》，《重庆大学学报》（社会科学版）2024 年第 4 期；高飞、竺彩华、袁征等：《2023 年国际形势回顾与展望》，《和平与发展》2024 年第 1 期。

知识产权保护等方面持续发力。首先，应加快文化产业与数字技术的融合，推动人工智能、区块链、5G 等技术在文化产品创作、传播和交易中的应用。例如，利用人工智能优化动画制作，提高内容生产效率，或通过区块链技术促进版权保护，确保文化创意成果的市场价值，以提升产品的附加值并增强全球竞争力。[1]其次，我国应加大对自主文化品牌的培育和推广力度，提升文化产品的国际知名度并增强市场影响力。在全球化背景下，文化软实力不仅体现在内容创作上，还体现在品牌塑造和国际传播能力上。应鼓励企业深度挖掘中华优秀传统文化元素，打造具有中国特色的文化 IP，借助国际社交媒体、流媒体平台等渠道，增强中国文化产品的全球传播力和影响力。再次，应加强版权保护体系建设，加大对侵权行为的打击力度，确保企业和创作者的权益不受侵害，促进中国文化产业规范发展。最后，我国应积极参与国际文化贸易规则制定，提升话语权，推动我国文化产业在全球贸易体系中的地位提升，从而实现文化软实力与贸易附加值的双向促进。

### （四）人与自然和谐共生的现代化：绿色转型引领全球可持续贸易发展

绿色转型是推动全球可持续贸易发展的重要战略方向，不仅有助于全球价值链向高端攀升，还有助于推动人与自然和谐共生的现代化进程。面对全球对环境保护和可持续发展的日益关注，我国积极推动绿色产业发展，并在政策层面提供系统性支持。例如，《数字中国建设整体布局规划》《中共中央 国务院关于加快经济社会发展全面绿色转型的意见》等政策文件加速了我国传统产业的绿色升级，同时推动了新能源、节能环保等新兴产业快速崛起。2023 年，我国新能源投资额同比增长超 34%，太阳能和风电投资额占全球可再生能源新增装机投资额的一半以上。这不仅优化了国内产业结构，增强了国际市场竞争力，也提高了我国在全球绿色供应链中的地位。[2]

推动全球可持续贸易发展，需要构建更加完善的绿色标准体系，同时强化绿

---

[1] 梁炜昊：《中国式现代化视角下我国对外贸易高质量发展研究》，《价格月刊》2023 年第 11 期。

[2] 谭志雄、穆思颖、韩经纬、陈思盈：《新质生产力推动全球价值链攀升：理论逻辑与现实路径》，《重庆大学学报》（社会科学版）2024 年第 4 期。

色低碳政策。我国已逐步建立健全绿色标准和认证体系，并积极参与国际绿色贸易标准制定。新能源汽车、储能技术、生物制造等战略性新兴产业的快速发展，加快了我国在全球价值链中的高端布局，为绿色转型提供了长期经济回报。[①] 在未来，我国应进一步完善绿色技术创新体系，在可再生能源、污染治理、资源循环利用等领域深化合作，并通过共建"一带一路"倡议输出绿色技术和设备，助力其他国家实现可持续发展目标，为全球可持续贸易发展贡献中国方案。

### （五）走和平发展道路的现代化：推动构建人类命运共同体

推动构建人类命运共同体，是中国坚持走和平发展道路、推进中国式现代化的重要战略选择。这一理念不仅根植于中华优秀传统文化中的和平、和谐、合作思想，也顺应了当今世界和平与发展的时代潮流。习近平总书记在庆祝中华人民共和国成立 75 周年招待会上强调，"推进中国式现代化，必须坚持走和平发展道路"。党的二十大报告在论及中国式现代化时提出"站在人类文明进步的一边"，这表明了在推进中国式现代化征程上，中国人民创造和发展人类文明新形态的坚定态度，即通过和平合作推动共同发展，避免霸权主义和零和博弈带来的冲突。中国在现代化进程中将始终秉持互利共赢原则，积极倡导和践行全球治理合作，如"一带一路"倡议、全球发展倡议、全球安全倡议和全球文明倡议等，为世界经济复苏、可持续发展和文明互鉴提供中国智慧。

坚持走和平发展道路，需要中国始终站在历史正确的一边，加强国际合作，推动全球治理体系朝着更加公正合理的方向发展。首先，我国应进一步深化对外开放，提升贸易和投资自由化便利化水平，推动人工智能、数字经济、新能源等领域的国际合作。其次，我国需要加强多边合作，进一步推动全球治理体系改革，加强国际产业链、供应链合作，增强全球公共产品供给能力，促进全球经济包容性增长。最后，我国也应加强与联合国、G20、APEC 等的互动，在应对全球性挑战，如气候变化、贫困治理和公共卫生安全等方面提供可行方案。

我国要以开放包容的发展模式，以构建人类命运共同体为核心目标，在国际舞台上发挥更加积极的建设性作用。一方面，通过深化区域经济合作、加强南南

---

① 　杨丹辉：《全球产业链重构的趋势与关键影响因素》，《人民论坛·学术前沿》2022 年第 7 期。

合作、扩大共建"一带一路"朋友圈，推动全球发展伙伴关系建设，进一步扩大我国在全球治理体系中的影响力并提升话语权。另一方面，积极推动全球文明交流互鉴，促进不同文化间的相互理解与包容，推动世界朝着持久和平、共同繁荣、开放包容的方向发展。只有坚持和平发展，中国才能实现自身现代化建设，才能为全球现代化进程贡献力量，才能真正成为世界和平的建设者、全球发展的贡献者和国际秩序的维护者。

〔作者殷晓鹏，对外经济贸易大学全球价值链研究院院长、教授；肖艺璇，中国投资有限责任公司与清华大学五道口金融学院联合培养博士后〕

（责任编辑：张书琬）

# 中国社会建设的动态整体论：基本内涵与实践路径

何雪松

**摘　要**：加强社会建设是中国式现代化的内在必然要求。本文基于习近平总书记关于社会主义社会建设的重要论述，对中国社会建设研究的理论和方法进行了回顾，并提出了动态整体论，以理解中国式现代化进程中的社会建设。动态整体论强调社会建设是兼顾生态与心态的，是动态演化的，是渐进、累积式的；由"一个中心（以人民为中心）、两个目标（美好生活和有力社会）、五个要素（民生福祉、结构优化、社会治理、心态秩序、社会文明）"组成。为了进一步加强社会建设，需要直面社会发展新态势，即中等收入群体不断扩大和新技术不断涌现，从体系化架构、多元化通道、数智化赋能三个层面出发，实现超大规模国家社会建设的系统性跃升，为"全球南方"国家提供一个非西方的社会建设路径。

**关键词**：社会建设；动态整体论；中国式现代化

加强社会建设是中国式现代化的内在必然要求。习近平总书记关于社会主义社会建设的重要论述为中国式现代化进程中的社会建设提供了根本遵循。从社会服务实践的探索到社会福利体系的完善，从社会管理模式的演进到社会体制的深层变革，直至当前社会治理的创新发展，在这个过程中，"社会"持续地被发现、被确认、被重建、被展开。这是社会建设不断加强的过程，由此在我们的话语和诠释中形成了政府、市场与社会的三分和"五位一体"总体布局。这个三分和"五位一体"在理论上意味着社会正在逐步成为一个具有一定自主性的领域，社会建设的重要性提升到了前所未有的高度。社会建设被纳入"五位一体"总体布局，强调其与经济建设、政治建设、文化建设、生态文明建设的协同性。这从顶层设计上确立了社会建设的重要地位。这样就可以从制度设计上解决经济社会发展不平衡、社会领域发展不充分的结构性问题。在实践上社会的活力如何被激发、社会治理如何优化、社会力量如何展现还需要较长一段时间的探索。应该说，尽管我国在社会建设领域取得了重大的成就，但对于中国式现代化这一历史性任务的时代要求而言，社会建设还是短板。正如我们所看到的，一些地区和一些政府部门在某种程度上还存在重经济发展、轻社会建设的倾向，很多地方社会治理的基础比较薄弱，实现活力与秩序的平衡不易，对管控手段的路径依赖很明显，对互联网和人工智能给社会建设带来的挑战的估计还不足等，需要不断加快社会建设体制机制创新步伐。

中国式现代化决定了中国式社会建设的政治定位。随着社会治理创新的不断展开和社会建设水平的提升，我们需要不断探寻本土理论与实践创新。以发展的理论引领发展的实践，既不能用西方社会建设理论生硬地"剪裁"活生生的实践发展和创新，更不能简单地以实践经验丰富性来反对理论的建构。

## 一　社会建设的代表性观点

社会学从一开始就具有强烈的建设性取向，一切社会学理论都是社会建设理论，是对社会运行与发展的思维抽象和思想凝结。社会建设以追求秩序、重建社会为己任并回应"现代社会向何处去"的根本问题。[①]

在本土的研究脉络中，曹锦清认为对社会建设的研究可以从市民社会、社会结构和民生这三种理论框架来梳理。[②] 实际上，在理论研究界，与之形成对话的还有国家主导、社会重建、社会运行等理论。

西方的市民社会是在中央提出社会建设之后，一些学者试图引入的社会理论。在西方理论界，civil society 强调"市民"的主体性和社会自治，并认为 citi-

---

[①]　刘少杰、王建民：《现代社会的建构与反思——西方社会建设理论的来龙去脉》，《学习与探索》2006 年第 3 期。

[②]　曹锦清：《市场、社会与社会建设》，《哈尔滨工业大学学报》（社会科学版）2013 年第 4 期。

zen 这一主体的参与可以应对政府和市场的失灵。不过，对于 civil society 的中文翻译差异，则反映了不同理论框架对于这一概念的不同解析进路。在马克思主义研究中，其被译为市民社会。在马克思看来，市民社会的发展，虽然带来了政治解放，但其成果仅局限于为资产阶级摆脱束缚，并没有彻底解决市民社会的问题。人类社会才是一种真正的社会形式，它代表对以往一切社会的私有制基础的扬弃，以及对人的异化状态的扬弃。也有批评者认为，市民社会聚焦的是社会的一小部分，按照市民社会的逻辑，政府与民间组织的关系只能是一种对立关系[1]，建立一个以劳动大众为主体的政治共同体——人民社会，才是中国社会建设的方向[2]。市民社会理论常常假设市民社会具有高度的自治能力和道德共识，而忽视了社会建设的政治限度，脱离了具体的政治语境。

当然，在西方理论界，市民社会这一框架在后续的社会建设研究中成为国家主导理论的批判对象。国家主导理论学者认为如果没有强有力的国家干预，仅靠社会的力量难以实现有效的社会建设，尤其是在发展中国家或转型社会中。20 世纪 80 年代初，随着"找回国家"运动的出现，国家主导理论开始兴起，这一理论认为国家在政治和社会中扮演着核心角色。[3] 国家在经济建设中发挥主导作用，包括产业政策的制定和执行，这一国家主导的发展性模式关注了战后日本重建的成功经验。中国的国家强制能力建设体现在央地间的"统分结合"以及综合运用多元力量的"专群结合"[4]，需要发挥政府作用以稳定央地关系和专群关系。这一理论强调了国家的主导作用，但相应地社会力量的作用则不在其理论关注的中心。

以陆学艺为代表的社会结构派认为社会是由不同阶层构成的，在分配中形成了诸如金字塔型向菱形或橄榄型社会的转向。[5] 因此，社会结构理论认为，社会

---

[1] 王绍光：《"公民社会" vs. "人民社会""公民社会"：新自由主义编造的粗糙神话》，《人民论坛》2013 年第 22 期。

[2] 王绍光：《社会建设的方向："公民社会"还是人民社会?》，《开放时代》2014 年第 6 期。

[3] 张长东：《比较政治学视角下的国家理论发展》，《北大政治学评论》2018 年第 1 期。

[4] 樊鹏、汪卫华、王绍光：《中国国家强制能力建设的轨迹与逻辑》，《经济社会体制比较》2009 年第 5 期。

[5] 曹锦清：《市场、社会与社会建设》，《哈尔滨工业大学学报》（社会科学版）2013 年第 4 期。

建设的核心任务就是要构建一个合理的社会结构①，在社会结构系统中，社会阶层结构是内核②。当然，我们也可以质疑，橄榄型社会是不是一种理想化的假说，或者对这一社会的追逐过程是否会造成进一步的贫富差距。

第四种理论是民生理论。③ 民生理论关注贫困和弱势群体、关注民生问题，推动了现代中国社会保障体系以及教育、医疗、住房等体系建设。从历史观上看，这一理论代表一种关注民生、主张改良的政治立场，将民生问题视为政治活动的核心，主张通过政治手段来改善民生。孙中山认为"民生主义就是社会主义"，这实质上体现了一种阶级斗争思想，而民生理论却规定了它不是科学社会主义④，这实在是一种理论的悖论。民生理论将关注点集中在政府对民生和弱势群体的保障，容易使社会和市场丧失活力。从实践观上看，民生理论强调社会福利和公平分配，往往将民生问题视为政治活动的核心，忽视了认知—实践螺旋上升的过程、人的主体性和社会的动态变化发展。因而，在新的社会背景下，极有可能催生一种不良倾向，即人们过度依赖福利而忽视现实状况，国家医疗、教育等关键领域落入过度福利的陷阱。

第五种理论是社会重建理论。社会重建理论更加强调对制度和文化的关注，通过设计有效的制度安排来化解社会矛盾冲突，其主要途径是通过培育社会精英来实现重建社会的目标。⑤ 在近代中国，梁漱溟将乡村建设作为切入点，强调乡村居民的自觉、组织团结与社会关系和社会结构的重建。⑥ 以知识分子或志愿者与农民相结合的形式推进的乡村改造和建设运动方兴未艾。社会重建理论为当前的乡村振兴和城乡社会协调发展奠定了重要的理论基础，人的思想和行为的重塑

---

① 陆学艺：《社会建设就是建设社会现代化》，《社会学研究》2011 年第 4 期。

② 王永平：《陆学艺社会建设理论研究》，《社会建设》2016 年第 1 期。

③ 曹锦清：《市场、社会与社会建设》，《哈尔滨工业大学学报》（社会科学版）2013 年第 4 期。

④ 张海鹏：《孙中山民生主义理论体系的内在矛盾——兼议孙中山阶级观点问题》，《历史研究》2018 年第 1 期。

⑤ 沈费伟、刘祖云：《为自由而计划：曼海姆"社会重建理论"研究》，《国外理论动态》2016 年第 6 期。

⑥ 马良灿：《乡土重建的社会组织基础——论梁漱溟乡村建设理论与实践的社会学转向》，《社会科学战线》2018 年第 5 期。

仍旧是当前的重要突破点。当然，传统社会关系运行规则的打破对新型关系的运作方式提出了挑战。

还有一种理论是社会运行理论。在郑杭生看来，社会建设的内涵应紧紧抓住"社会资源和社会机会合理配置"这一核心，以实现社会的良性运行。[①] 社会运行理论的提出，是对中国社会实际运行的认识的深化。[②] 社会运行机制是一个有机联合的系统，与人口、经济、文化等社会运行条件一起，为社会运行理论提供了具体的分析框架和操作路径，对于推进社会建设具有重要的参考意义。社会运行理论从认识与实践上强调多维度的协调运行发展。

应该说，上述理论对社会建设都有一定的洞见，但是总体而言，对社会建设的动态演化认识不足，对社会建设的总体把握还不够全面。因此本文在此基础上提出了动态整体论。

## 二　社会建设的动态整体论

动态整体论强调社会建设是兼顾生态与心态的，是动态演化的，是渐进、累积式的；由一个中心、两个目标和五个要素组成。一个中心就是"以人民为中心"；两个目标，即"美好生活和有力社会"；五个要素涵盖了"民生福祉、结构优化、社会治理、心态秩序、社会文明"。

### （一）社会建设的特征：整体与动态

社会建设的整体特征体现为生态和心态的并重，既重视社会结构的优化，又重视心态秩序的建立。就生态而言，社会建设是与经济建设、政治建设、文化建设等结合在一起的，不能孤立地谈论社会建设。比如，社会结构优化的基础是经济发展。费孝通强调社会学不仅要关注生态，即社会结构的优化，更要关注心态，由此提出了心态秩序。心态秩序要应对的核心议题关涉"分"与"合"之间的辩证关系。在社会结构层面，持续呈现"分化"态势，形成了多元的生态格

① 郑杭生：《社会建设和社会管理研究与中国社会学使命》，《社会学研究》2011 年第 4 期。
② 郑杭生：《中国社会研究与中国社会学学派——以社会运行学派为例》，《社会学评论》2013 年第 1 期。

局。而心态秩序的关键任务，便是在此情形下达成秩序层面的心态整合。究其根本，这是一个关乎社会团结的议题。在经济社会的发展进程中，必须全面且深入地衡量社会各方的心理承受能力。而衡量这一承受能力的标准就在于人民群众的生活处境是否得到切实改善，以及整个社会在团结氛围水平与发展活力水平上是否有所提升。如果忽视这一点，潜藏于社会内部的矛盾便会逐渐被激化，致使社会各参与方陷入一种皆不满意的艰难处境进而冲击人民群众的获得感、安全感以及满足感，极大地削弱民众对经济社会发展成果的正向感知。不同群体的社会认知形塑于生态和心态的碰撞之中。为此，我们要高度警惕极端认知与对立思维。培育理性、平和、向上、开放、包容的大国公民"心灵习性"迫在眉睫，基于此，我们要积极倡导公平正义的价值观，拓宽表达诉求的多元渠道，培育共建共享共富的社会想象，营造开放包容、美美与共的社会氛围，即人人参与、人人贡献、人人享有、共同富裕、社会和谐。

社会建设并非一成不变，而是一直处于动态演化之中。社会建设作为中国特色社会主义事业总体布局的重要组成部分，是在党的十六届四中全会上首次提出的。在随后的党的十七大中，其被置于与经济建设、政治建设和文化建设并列的位置。这是针对经济社会发展形势而作出的重要战略部署，是重要的理论创新，根据人民对美好生活需求的升级，从"小康社会"向"共同富裕"目标递进，持续优化社会建设重点领域。党的十九大报告指出，中国特色社会主义进入了新时代，我国社会主要矛盾已经转化为人民日益增长的美好生活需要和不平衡不充分的发展之间的矛盾。这对物质文化生活提出了更高要求，对社会多元面向的需求日益增长。我国社会生产力水平在整体上获得了极为显著的提升，社会生产能力在众多领域成功跻身世界前列。同时，发展呈现不平衡、不充分的态势，我国社会主要矛盾所发生的转变，对党的工作以及国家各项事务提出了大量全新的要求。党的二十大报告强调，新时代新征程，中国共产党以中国式现代化全面推进中华民族伟大复兴。为达成这一宏伟目标，自新中国成立以来，党和政府在理论与实践层面不断创新突破，推进和拓展了中国式现代化。经过长时间的探索与实践，中国式现代化既遵循世界各国现代化发展的普遍规律，又符合我国国情。

中国式现代化的本质要求涉及实现高质量发展、发展全过程人民民主、丰富人民精神世界、实现全体人民共同富裕等。这为建设我国社会发展新格局指明了方向，为不断深化社会治理创新画出了重点。社会建设通常指的是通过制度、政策、文化等手段提升社会整体福利水平和调整结构的过程。渐进意味着逐步推进，不是一蹴而就；累积式则强调每一步的成果都会积累起来，形成长期的影响。现代化进程由市场化、工业化、城市化、信息化与全球化的复合构成了社会建设的发展脉络。党的社会工作部门的组建体现了党对社会治理场域的战略性布局，通过组织体系重构实现治理能力与现代化发展需求的动态适配，本质上是对社会运行规律演进作出的制度性回应。当前社会生态呈现结构性重塑特征，即新型社会主体规模化发展促进社会组织形态迭代，新就业群体持续扩容形成治理新局面。基于此，需要通过治理模式的创新来激活社会内生动力，以多元共治格局凝聚治理共识，从而夯实国家治理的社会根基。党领导的社会建设中，组织、治理、服务、发展是一个有机整体，组织和治理通过服务达成目标、依托发展得以持久。

总体来看，中国的社会建设是渐进、累积式的。渐进、累积式的社会建设必定是积极而非激进的，坚持的是积极稳妥与有序推进的发展理念，既要保持战略定力，又要动态调整，遵循试错—调整—优化的实践逻辑，更要根据社会发展的新态势进行顶层设计。首先，考虑到社会改革和机制创新的复杂性、艰难性，在既有增量基础上边实践边调整，实现渐进、累积式发展符合人类社会发展规律，是中国社会工作的可行之路。其次，社会建设需结合特定社会情境、政治文化脉络，融入当地发展格局，摸清地方资源情况与需求，创新联动模式。最后，渐进、累积式发展需要围绕社会主义现代化国家的重大战略部署，坚持中国共产党领导，注重政府、市场与社会三者之间关系的调适。

（二）一个中心

以人民为中心是社会建设的根本价值导向，尊重人民群众在社会建设中的主体地位，突出发展为了人民、发展依靠人民、发展成果由人民共享这一基本原则。因此，衡量社会建设水平的提升，是以人民群众的获得感、幸福感、安全感为基本标尺。以人民为中心中的人民并非抽象概念，而是具体的、真切的群众，需要考量的是人民群众的真切需要、尊严维护、发展权利等方面。

### （三）两个目标

社会建设具有双重目标：一方面要服务于人民群众的美好生活，另一方面要建设有力社会。

#### 1. 美好生活

党的十九大报告对我国社会主要矛盾作出了与时俱进的判断，人民对美好生活的需要不仅涉及物质需要，还涵盖对公平正义、民主法治、环境安全等多样化、多层次的需求。我国社会主要矛盾的变化是长时的历史性变化，这为社会建设提供了发展的结构性空间。在这一空间中，由政府、企业以及全社会的共同参与实现人民对美好生活的向往，推动公平正义、环境安全、民主法治的实现。美好生活意味着共建、共享、共富，其核心在于共享发展理念的实现。例如，上海市提出打造"五个人人"的城市，即人人都有人生出彩机会、人人都能有序参与治理、人人都能享有品质生活、人人都能切实感受温度、人人都能拥有归属认同。因此从政策上要从托底补救、预防保护和发展福祉三个层次帮助民众实现美好生活的目标。在法律、体制层面确保共享发展理念得以实现，让人民群众可以共享发展成果。

新时代人民对美好生活的需要彰显品质性，人民向往舒适、健康、快乐的满意生活，多样化、多层次和多方面的生活需求得以满足，进而群众的获得感、幸福感和安全感更强。因此，要提升服务品质和服务效能，解决发展不平衡不充分的矛盾，以满足更高水平的生活需求。同时，围绕第三次分配制度安排，兜住兜牢弱势群众的民生底线，构建优质的公共服务体系，促进人自由而全面的发展。

#### 2. 有力社会

政府、市场与社会的三分，是理论与实践互构的结果。周黎安教授认为中国的经济增长是由政府和市场共同推动实现的，这就是有为政府和有效市场的合力。[①] 就社会建设而言，就是要确立一个结构目标，致力于在"市场有效"与"政府有为"之后加上"社会有力"。这一目标契合中国式现代化的推进。基于我国社会主要矛盾，需从活力、平衡、团结三方面推动结构变革优化。

---

① 周黎安：《"官场+市场"与中国增长故事》，《社会》2018 年第 2 期。

第一是活力。社会要有活力，活力的展现，是形成公共性的基础。相比较而言，经济领域的活力更加充沛，因为几乎所有的个人、家庭对"赚钱致富""过上好日子"都有较为明确的追求。但诸如公平正义、公益慈善、关怀弱势群体、包容少数群体等尚未真正成为大家共同的"知识库存"。社会建设的目标就是以上述社会价值观来创造平台和空间，不断地激发多元群体参与社会建设的主动性和积极性。

第二是平衡。社会有必要构建强有力的自我保护机制。该机制立足于缓解不平衡不充分发展的问题，在政府与市场之间做好平衡，以形成一个良好的协同机制。譬如，当政府推进步伐过快、市场发展过于迅猛时，社会能够拥有启动自身保护机制的能量。

第三是团结。在全球范围内，各国普遍面临社会分化以及不平等的严峻现实问题。于我国而言，随着市场经济的高速发展，同样面临不同群体间出现的脱节与区隔的风险及挑战。因此，团结在我国社会发展脉络中具有至关重要的意义，其关乎社会结构的稳定与社会功能的有效运行，是应对当前复杂社会形势的关键着力点。

## （四）五个要素

要切实加强社会建设，需要辨识其要素，只有这样才能在实践中有明确的指向，以下五个要素进一步说明了社会建设具有整体性特征。

### 1. 民生福祉

增进民生福祉是一个从兜住底线到高品质生活水平不断提升的过程。人民对美好生活的向往是我们持之以恒的奋斗目标，增进民生福祉是我们党立党为公、执政为民的本质要求。让百姓过上好日子是一切工作的出发点与落脚点，兜底线、补短板、解民忧是社会建设的紧迫任务，这是坚持以人民为中心开展社会建设的基石。社会建设的推进要始终坚持把人民利益放在第一位，多谋民生之利、多解民生之忧，以切实的行动来回应人民对于就业、教育、养老、医疗、社会保障等的美好期待，不断推动幼有所育、学有所教、劳有所得、病有所医、老有所养、住有所居、弱有所扶，最大限度地满足人民群众对于美好生活的需要。

## 2. 结构优化

结构优化的关键在于抑制两极分化，秉持"稳中求进"的原则来推进"扩中"工作。这意味着要稳定现有中等收入群体规模，为低收入群体提供更多成为中等收入群体的途径与机会，如此方能切实扩大中等收入群体规模，稳步实现共同富裕。应加速构建适配以中等收入群体为主体的社会结构的新型治理体系。与此同时，必须切实保障好低收入群体的权益，实现全方位的兜底保障。这里的兜底标准并非一成不变，而是会依据经济社会发展状况逐步调整，属于共享发展理念下动态调整的保障标准。守护社会中的弱势群体，既是结构正义的内在本质要求，更是社会和谐稳定发展的必要前提。

## 3. 社会治理

党的十八届三中全会首次提出"创新社会治理体制"，这意味着社会建设实现了从管理到治理的重要转变。从社会管理到社会治理，虽然只有一字之差，但背后逻辑却发生了质的跃迁。社会治理强调充分发挥党总揽全局、协调各方的领导核心作用，建立起多方主体共同参与的社会治理体系，摆脱了过去单纯依靠政府管理的方式，推动形成系统治理、依法治理、综合治理、源头治理的新格局。为实现国家治理体系和治理能力现代化，需着力构建多元协同的社会治理机制，完善共建共治共享的社会治理格局，规范群众利益诉求表达渠道，健全权益协调与矛盾调处机制，运用法治手段保障治理通道的畅通性。同时，需强化城乡社区治理创新，打造数字化赋能的网格化治理平台，形成纵向贯通、横向联动的基层治理网络，充分发挥社会组织与居民的主体效能。通过责任共担、过程共治与成果共享的实践路径，最终形成具有中国特色的社会治理共同体，为提升治理效能提供系统性的解决方案。

## 4. 心态秩序

民心或人心始终是执政者的重大关切。社会结构持续变迁，与心智结构紧密相连。不同结构位置的人群呈现不同倾向，需特别关注这三种倾向：强势群体易"富而骄"，产生"精英的傲慢"；中间群体充满不确定性与不安感，形成"中产的焦虑"；弱势群体若缺乏向上流动机会，则会滋生"弱者的怨恨"。这些倾向侵蚀社会团结根基，不仅会导致社会资源分配趋于封闭化，还会加剧不同阶层的价值对立，最终瓦解社会共识的形成基础。当前社会各群体间呈现显著的认知裂痕，譬如在公共议题的讨论场域中，立场分歧逐渐演变为结构性对立，群体性对抗事件呈现高频化的特征。尤其是在网络空间中，言语攻击、集体性网暴持续发生。故而，党的十九大报告强调"加强社会心理服务体系建设，培育自尊自信、理性平和、积极向上的社会心态"，以应对社会心理层面的挑战。中国语境下的社会心态其实是传统政治话语中"民意人心"的一种现代表述方式，强调的是其民意预测和人心反映功能。正是在这个意义上，社会心态才常被称为经济发展与社会运行的"晴雨表"和"风向标"，这意味着其作为社会实际问题的衍生问题而被政府和学界重视。凡是进入重大社会转型期或历史关键期，社会心态问题都会得到格外关注。因为这种时期的社会实际问题很多，产生的社会心态问题也较多，人们的表达方式趋向于激烈，具有较强的社会动员能力，容易成为社会稳定的破坏性力量。①

5. 社会文明

社会文明是与物质文明、政治文明、精神文明、生态文明并列的"五个文明"之一，聚焦社会领域的进步与建设成果。在当代中国语境下，"以人民为中心""共享发展""公共精神""公平正义""社会团结"五个特征构成了社会文明的核心内涵，体现了中国特色社会主义制度的本质要求与发展逻辑。以人民为中心是社会文明的本质属性，强调社会发展的价值导向应始终围绕人的全面发展展开。人民性不仅体现为发展成果由全体人民共享的分配原则，更体现为人民群众作为历史的主体对社会文明建设的广泛参与。共享发展是社会文明的实践路径，是对资本主义发展模式批判的产物，强调社会资源分配的公平性与可持续性。共享发展不仅是经济层面的资源再分配，更是社会关系重构的过程。公共精神是社会文明的心灵支柱，是超越个体主义的价值共识，消解了原子化社会的疏离感，体现为人民对公共事务的理性参与和对集体利益的自觉维护。公平正义是社会文明的基本准则，是社会矛盾和社会冲突化解的基本规则，是促进社会团结的价值基础。社会主义社会更是特别注重对暂时处于不利位置的群体的关注。社会团结是社会文明的稳定根基，强调多元社会主体的利益联结与价值认同。其实现依赖于制度化的利益协调机制、文化认同纽带和全社会的凝聚力。社会文明构

---

① 汪新建：《"社会心态"：源自当代中国实践的原创性概念》，《光明日报》2025 年 2 月 28 日，第 11 版。

成了一条完整的逻辑链条：以人民为中心确立文明建设的价值原点，共享发展以解决资源分配的实践矛盾，以公共精神提供价值共识与行动伦理，以公平正义确保制度设计的正当性，最终通过社会团结实现社会结构的有机整合。其互动关系体现为中国式现代化对西方现代化悖论的超越，通过制度创新与文化重塑，构建兼具效率与公平、个体自由与集体理性的新型文明形态。

## 三　社会建设的未来挑战及其应对

### （一）社会建设的两个未来挑战

国家治理要与社会发展更好地适应，因此社会建设需要直面新的发展态势。总体来看，需要直面两个态势：一是中等收入群体不断扩大这个结构态势，二是人工智能等新技术不断涌现且产生深刻的社会影响这一技术态势。

不断扩大中等收入群体是结构优化的中心任务，也是实现共同富裕的重要表征，但中等收入群体扩大之后，社会建设的任务就更加繁重了。中等收入群体的扩大带来了消费分层、利益诉求多元化和文化价值多元化。中等收入群体对教育、医疗、养老等公共服务的质量与公平性提出了更高要求。中等收入群体维权意识增强，对政策透明度、公共服务效率的要求提高，传统社会治理模式面临转型压力，特别是网络化社会放大了群体诉求。中等收入群体对金融风险、环境安全等新型社会风险的敏感度上升，需建立更精准的风险预警体系。部分新兴的中等收入群体抗风险能力较弱，焦虑情绪严重。中等收入群体规模持续扩大，所引发的社会心理结构重构问题需要深入探究。随着该群体逐步向社会结构主体转型，其心理秩序的动态演变及调适机制，既涉及社会主流价值观的形塑过程，更关乎现代化进程中社会心态秩序的稳定性建构。

新技术的不断涌现，可能在很多领域带来新的挑战，比如，民生福祉面临新困境：传统岗位面临替代性失业风险，技能错配矛盾加剧，灵活就业保障体系滞后。社会治理的复杂性增强，数据安全与隐私保护困难增大，虚假信息治理难度加大，技术伦理边界模糊化。在资源分配方面，数字鸿沟扩大，教育资源适配性不足，技术垄断导致区域差距扩大。在价值体系方面，人机关系重构社会认同，技术依赖削弱主体性，代际价值观断裂风险加剧。再如，自媒体的广泛使用打破了信息垄断，社会成员的意见表达渠道更多，自主意识进一步增强，地方性事件能够在短时间内迅速发酵并引起全国关注，这对政府和基层行政化管理方式提出了挑战。怎么实现精细化治理，如何有序引导社会舆论风向，如何建构新的社会文明形态，这些都是社会建设面临的现实挑战。

中等收入群体规模扩大与新技术革命形成叠加效应，可能为社会建设提供更好的技术支撑，但也可能会衍生出很多新的社会问题，或者加剧社会分化与资源分配矛盾，对社会进步和社会团结构成挑战。这就要求社会建设有更为明确的目标和路径，积极回应这样的发展态势。

### （二）面向未来的社会建设：三条路径

为了更好地实现上述双重目标并应对前述挑战，社会建设的转型升级，需要体系化架构、多元化通道和数智化赋能，从而实现超大规模国家社会建设的系统性跃升。

1. 体系化架构

社会建设的体系化，可以从两个方面来进行认识。一方面，社会建设要置于"五位一体"总体布局之中进行谋划和部署，不能脱离具体的宏观脉络；另一方面，社会建设要通过完善体制机制，动态适应社会发展态势，将分散的社会要素转化为协同运作的有机系统，从而体现整体性、协调性和适应性特征。社会建设的体系化，标志着民生福祉、社会治理和社会心态建设从"分散应对"向"整体治理"的范式升级，从而建构一个有助于形成新型社会文明的结构体系。但社会建设的体系化也需要警惕简单的"技术化"或"工程化"陷阱，在追求系统效率的同时，切实激发社会的内在活力，实现活力与秩序的平衡。这要求理论建构者与政策设计者始终保持复杂性思维，在动态平衡中推进社会建设。

2. 多元化通道

政府和社会要共同致力于建设多元化通道，以回应人民群众日益多元化的需求。20世纪50年代的政治变革推动了组织关系、社会关系和治理关系的重组，建立起以覆盖广泛、国家-单位-个体三级联结、单位责任包干至个人、资源分配存在等级为特点的"个人与公共"联结系统，这样的联结系统是解决个人困扰的重要通道。这是一种政府对单位组织进行直接治理，并通过单位组织间接治理社会的双重治理结构。单位成为公共和个体之间的中介变量，是维系国家整合的结构性因素。90 年代中后期，社会流动加剧、单位社会治理职能减弱和经济职能增强表明社会的组织化结构出现从单位社会走向公共社会的转型。自那以后，这一双重治理结构开始瓦解并一步步降低了治理效能。[①]　因此，社会建设的重要任务之一是重新组织化，组织化的重要指标之一就是公共体制和社会民众的联结，从结构角度来看即公共体制中有社会民众的锚定位置，这一锚定位置有两层意义。一方面，社会民众受公共体制保护而免受成员关系的伤害；另一方面，当社会民众面临伤害情况时，公共机构和社会成员间畅通的通道能够保障后者获得前者的救助、裁定是及时的、可及的。良性的公共组织化关系是将社会民众组织化进公共体制中，社会民众获得位置、得到公共组织提供的保护和支持，从而增强个体对正式组织的归属感和身份认同感。为了应对利益组织化结构通道闭塞导致的社会公共性和利益协调机制非公共性间的不平衡，需要确保社会民众和公共体制间的有效联结，使民众进入制度化通道以便共享制度资源，从而实现社会团结。[②]多元化通道具有回应诉求和分配资源的平衡器作用[③]，是心态秩序建设的重要组成部分。

### 3. 数智化赋能

社会建设的数智化赋能是指利用大数据、人工智能、物联网、区块链等数字化和智能化技术推动社会建设的过程。这一过程旨在提升社会治理效率、优化资源配置、改善公共服务、促进社会公平与可持续发展，进而建构数智时代的新型社会文明。当前，公共服务、民生福祉等领域数智化应用发展相对较快，诸如"一网通办""接诉即办"，但如何更好地利用数智技术激发社会的活力，还需要进一步的探索。特别是，技术赋能为数字时代社会建设体制机制的系统性变革奠定了坚实的基础，我们应该根据全过程人民民主的基本原则，主动引领社会领域的创新和改革，比如打破严格的行政层级限制，建立新型的政府、市场与社会之间的分工和合作模式，拓展人民全过程参与的形式与方法，强化互联网、平台算法、人工智能等领域的社会治理等。在这个过程中，既要保持技术迭代的激进变革，更要坚守社会建设的渐进理性，加强"社会-技术"的耦合，只有这样才能

---

①　张静：《通道变迁：个体与公共组织的关联》，《学海》2015 年第 1 期。

②　冯仕政：《社会治理与公共生活：从连结到团结》，《社会学研究》2021 年第 1 期。

③　张静：《通道变迁：个体与公共组织的关联》，《学海》2015 年第 1 期。

在数智时代实现社会可持续的发展。由此，数智化赋能的组织变革，可进一步推动建立更具引领性和生产性的社会建设体制机制。

随着中国社会建设的不断推进，丰富的实践将为建构社会建设领域的自主知识体系提供重要的条件。我们要从中国的社会建设实践之中建构出具有一定普遍意义的概念、理论与知识，从而将中国语境下的实践抽象化、一般化，并为全球社会科学理论创新作出贡献，为"全球南方"国家提供一条非西方的社会建设路径。

〔作者何雪松，华东理工大学社会与公共管理学院院长、教授〕

（责任编辑：郭云蔚）

# 中国农政结构的多重形态
# 与理论阐释*

叶敬忠

**摘　要：**中国式现代化的实现必须面对中国的农政问题、构建中国式农政转型道路、建构中国特色的农政理论。为此，中国的哲学社会科学需要对中国的农政结构有清晰的理解和把握。当前中国农政结构呈现多重形态。现代、资本与小农农业构成农业生产的三种典型方式；承包、流转与确权构成农地所有权形态的三种典型权属安排；流动、留守与留居构成农民群体的三种典型异质性形态；记忆、虚空与振兴构成农村社会的三种典型表征。现有经典理论虽然能够分别对中国农政结构的某一形态或某一侧面进行理论阐释，但无一能够独立地阐释中国农政结构的多重形态。究其原因，经典理论本身的局限以及中国特殊的国情是关键。因此，中国的哲学社会科学需要建构以中国式现代化为总体目标框架、符合中国社会现实和历史背景、能够解释中国农政结构的自主理论体系。

**关键词：**农政结构；中国式现代化；乡村振兴；农政理论；农政问题

2025 年中央一号文件指出："实现中国式现代化，必须加快推进乡村全面振兴。"[①] 党的二十大报告指出："全面建设社会主义现代化国家，最艰巨最繁重的

---

\*　本文为国家社会科学基金重大项目"从脱贫攻坚到乡村振兴的有效衔接与转型研究"（项目编号：20&ZD163）的阶段性成果。

①　《中共中央 国务院关于进一步深化农村改革 扎实推进乡村全面振兴的意见》，https://www.gov.cn/zhengce/202502/content_7005158.htm，最后访问日期：2025 年 3 月 3 日。

任务仍然在农村。"① 可见，乡村振兴战略的顺利推进是实现中国式现代化的重要组成部分，是推进中国式现代化的基础支撑。乡村振兴战略旨在通过对农业、农村、农民和农地等领域进行优先性与综合性的政策设计和制度安排，推动农村社会结构和城乡关系的总体性变革，从而实现社会主义现代化和中华民族伟大复兴。换句话说，乡村振兴战略的完成即意味着以中国式现代化为目标，完成对农业、农村、农民和农地等领域的成功改造，实现农业、农村、农民和农地等领域的成功转型。

## 一　国际农政转型视野

在国际上，针对国家现代化发展进程中农业、农村、农民和农地等领域的改造和转型这一经典主题，学术界已有成熟的概念框架，即 19 世纪末提出的"农政问题"和"农政转型"。② 农政问题是卡尔·考茨基（Karl Kautsky）于 1899 年提出的概念。它是指，"为了建立向更高级的社会形态过渡的经济、政治和社会基础，在资本主义发展进程中农业生产方式、农地所有权形式、农民群体和农村社会是否以及如何发生哪些转型和变化，需要采用什么样的政治动员方式以及制定什么样的国家政策来促进农业、农地、农民和农村的转型和发展"③。农政转型是指在国家发展进程中，农业、农地、农民和农村的结构关系与制度安排的转变，尤其指在农业生产方式、农地所有权形式、农民群体分层分化和农村社会管理与治理等方面的转变。④ 参考这样的阐释，中国的农政问题可以界定为：为了实现中国式现代化，如何理解农业、农地、农民和农村的基本属性，在农业生产方式、农地所有权形式、农民群体和农村社会方面是否以及存在哪些实质性阻碍因素，如何摆脱这些阻碍因素以及如何使农业生产方式、农地所有权形式、农民群体和农村社会发生哪些转型以成为中国式现代化建设的动力，需要采用什么样

① 《习近平：高举中国特色社会主义伟大旗帜 为全面建设社会主义现代化国家而团结奋斗——在中国共产党第二十次全国代表大会上的报告》，https://www.gov.cn/xinwen/2022-10/25/content_5721685.htm，最后访问日期：2025 年 3 月 3 日。
② 叶敬忠：《农政问题：被忽视的学术概念及其传统》，《社会发展研究》2025 年第 1 期。
③ Karl Kautsky, *The Agrarian Question (2 Vols)*, London：Zwan, 1988, pp. 35-59.
④ 叶敬忠：《农政问题：概念演进与理论发展》，《社会学研究》2022 年第 1 期。

的政治动员方式以及制定什么样的国家政策来促进转型和发展。

世界各国的发展经验表明，任何国家的现代化发展都必须面对和应对本国的农政问题，都必须找到合适的农政转型路径，并成功完成农政转型。[①] 若一个国家的经济和社会发展出现问题，则常常是因为没有处理好或解决好其农政问题，没有顺利完成农政转型。[②] 在国际学术界，已成共识的农政转型道路包括英格兰式、普鲁士式、美国式、东亚式（包括日本式、韩国式）。[③] 围绕农政问题与农政转型，国际学术界已经形成五大理论，即马克思主义、实体主义、新古典与新制度经济学、生计框架、后现代与后结构主义。因此，中国式现代化的实现，必须面对中国的农政问题，找到中国式农政转型路径，并成功完成中国式农政转型，走出中国式农政转型道路。

在此背景下，中国哲学社会科学界必须认识到，中国的发展成就已经得到世界普遍认可，中国式现代化正在快速推进，但与此同时，中国哲学社会科学尚未对中国的农政问题建构出国际学术界认可的中国特色理论，尚未对中国的农政转型构建出国际社会认可的中国式道路。2022 年 4 月，习近平总书记在中国人民大学考察时强调："加快构建中国特色哲学社会科学，归根结底是建构中国自主的知识体系。"[④] 而建构农政问题的中国特色理论、构建农政转型的中国式道路，首先需要对中国的农政结构有清晰的理解和把握，对现有经典理论及其解释中国农政现实的适用性有深入的分析和判断。

## 二　中国农政结构的多重形态

如前所述，实现中国式现代化需要准确把握农业、农地、农民和农村这四个方面的基本属性并完成改造和转型，尤其需要关注农业生产方式、农地所有权形

---

① 叶敬忠：《〈江村经济〉：中国的农政问题与农政转型》，《社会》2021 年第 3 期。
② 叶敬忠：《从脱贫攻坚到乡村振兴：脱贫地区内的衔接抑或发展时代间的转型?》，《社会发展研究》2021 年第 3 期。
③ Terence J. Byres, *Capitalism from Above and Capitalism from Below：An Essay in Comparative Political Economy*, Hampshire and New York：Palgrave Macmillan, 1996, pp. 23-26.
④ 《习近平在中国人民大学考察时强调 坚持党的领导传承红色基因扎根中国大地 走出一条建设中国特色世界一流大学新路》，http://politics. people. com. cn/n1/2022/0425/c1024-32408556. html，最后访问日期：2025 年 5 月 21 日。

式、农民群体分层分化和农村社会管理与治理这四个具体方面。这些方面以全面建设社会主义现代化国家为宏观背景，整体性地构成了中国的农政结构。

对中国农政结构的经验研究表明，在当前情况下，上述四个方面呈现多重形态并存的现实。这里尝试对这四个方面的核心特征进行分析，并分别用三种最为典型的形态进行概括。具体而言，现代、资本与小农农业构成农业生产的三种典型方式；承包、流转与确权构成农地所有权形态的三种典型权属安排；流动、留守与留居构成农民群体的三种典型异质性形态；记忆、虚空与振兴构成农村社会的三种典型表征。需要说明的是，这里只是简明地呈现每个方面的三种典型形态，中国农政结构的实际情况一定更为多样、更为复杂。

## （一）农业：现代、资本与小农

现代农业在农业生产主体形态方面，表现为政府为发展现代农业而"再造主体"，通过扶持并壮大多种新型农业经营主体，增强农村的资本化动力，促使农村分层分化和去小农化。[①] 在农业现代化全过程方面，政府的农业干预以土地流转为轴心，在产前、产中、产后环节分别表现为"再造水土""再造市场""再造服务"，呈现农业现代化各环节排斥小农的特征。[②] 尽管现代农业总体坚持去小农化的方向，但它作为一项国家发展战略也在进行内在的动态调整，表现为对小农户的适度保护和一定程度的再小农化。

中国农业现代化的发展始终伴随着资本化的变迁，当前农业资本化的突出特征是城市工商资本进入农业生产经营领域，且发挥着日益凸显的支配和主导作用。这是在中国社会经济发展的特定阶段，在国家政策支持、地方政府配合和企业资本驱动等多方力量助推之下产生的现象。资本下乡推动的农业资本化表现为不同的形式，反映出资本实现积累的不同方式：资本或在农业上下游环节，通过产前、产后的商品关系将农民嵌入其中；或直接进入生产环节，通过集中控制生产资料和使用雇佣劳动进行规模化经营；或以"公司+农户"等纵向一体化的方式将农

---

① 严海蓉、陈义媛：《中国农业资本化的特征和方向：自下而上和自上而下的资本化动力》，《开放时代》2015 年第 5 期。

② 孙新华：《再造农业——皖南河镇的政府干预与农业转型（2007—2014）》，华中科技大学博士学位论文，2015，第 1 页。

民整合进全产业链条，从各个环节分割利润。[①] 资本在保留农民家庭生产形式的基础上，以各种方式将小农农业纳入自己的市场结构和积累动力之中。[②] 资本进入农业的多重形式体现出经典理论模型在中国农政转型道路探索中的当代变奏。

小农农业依然是中国农业生产经营的重要形式，它在存续的同时也在不断变化发展。自给自足的生存型农业、面向市场的商品化农业和超越家庭边界的资本化农业是我国小农农业目前三种主要存在形式。它们共时性地存在于农村地域之中，体现出了中国农业发展变迁过程的复杂性和多样性。与此同时，在农村家庭这一微观层面，这三种形式又在进行着动态转换。农村家庭在城与乡、农业与非农业之间实现自身生计的能动性，造就了小农农业的多元实践形式。小农农业的多元形式也体现了其自身在当下的多元分化。在城乡融合发展的中长期阶段，发展小农农业在当下的农业发展中依然具有独特的社会经济优势，是保障农民生计、促进农村发展的理性制度选择。

### （二）农地：承包、流转与确权

家庭联产承包责任制是生存理性下的底层制度创新。它调动了农户的生产积极性。但是，自落地之初，它就因农地规模小、细碎化、分散化等弊端而孕育着内在的变革张力，同时也因依附于土地承包权利的各项义务一度成为农民的主要负担。随着农业税的逐步取消以及政府提供种粮补贴等优惠政策的实施，农业的比较收益发生变化，农户、企业等主体流转土地的现象越发普遍。[③] 土地承包经营权不再是附着诸多义务的权利，土地逐渐演变成一种准商品性质的资源性资产，农地权属安排也从"两权分置"（土地所有权、土地承包经营权）逐渐转变为"三权分置"（土地所有权、土地承包权、土地经营权）。

土地流转最早是基于民间自发需求产生的。部分离农劳动力和在村务农的劳动力通常会达成口头、非正式的协议，通过无偿代耕、低偿的实物或现金方式支付土地流转的租金。近年来，各地出现了不同的土地制度实践和创新。而政府推

---

① 潘璐：《农政问题：中国本土化传承与探索》，《社会发展研究》2023 年第 1 期。
② 潘璐：《农政问题：中国本土化传承与探索》，《社会发展研究》2023 年第 1 期。
③ 北京天则经济研究所《中国土地问题》课题组：《土地流转与农业现代化》，《管理世界》2010 年第 7 期。

动的大规模土地流转则发生在近十余年间。政策性推动的大规模土地流转同时满足了中央对农业现代化的追求、资本对资源的渴求以及地方政府对项目资金的盼望等利益诉求。这些诉求直接瞄准了农民手中的土地，但并不一定直接服务于满足农民的利益诉求，同时挤压了村庄自发土地流转的空间，对村庄务农群体的生计造成较大影响。①

农地确权主要是为了在农业现代化过程中，保护农民的土地权利免受地方利益、工商资本等的侵害。因此，中央投入了大量的人力、物力、财力来完成确权登记颁证工作。土地确权一方面强化了农民的土地承包权，另一方面却在一定程度上削弱了集体的土地所有权。实际上，土地确权工作并不如预想的那样顺利，在地方贯彻落实中遭遇重重困难，始终面临着来自基层逻辑的挑战。可以肯定的是，土地确权不会是土地承包经营权的终点，相反，它或许酝酿着未来农地制度创新的动力。

### （三）农民：流动、留守与留居

改革开放后，农民群体逐步分化为流动、留守与留居三种具有动态性的形态。一是流动者，包括外出农民工及其随迁子女、老人；二是留守者，即留守儿童、妇女和老人；三是非留守的乡村留居者，暂称为留居者。据粗略估算，截至2020年末，我国乡村常住人口约5.1亿人，流动者约2.59亿人，留守者约1.39亿人，留居者约3.7亿人。②

农民流动初期以就地转移为主要特征，20世纪90年代开始呈现大规模、跨区域以及"家庭化"转移的特征。农民工为中国经济发展、工业化和城镇化建设作出了巨大贡献，这已成为社会共识。但是，在户籍、住房、教育与就业保障等

---

① 孙新华：《土地流转与农户家计：两种流转模式的比较——基于江西省 T 村的实证调查》，《贵州社会科学》2012 年第 4 期。

② 由于缺乏 2020 年末农民工随迁老人以及留守老人和留守妇女的统计数据，这里采用了过往的数据。其他数据参考《第七次全国人口普查主要数据情况》，https://www.stats.gov.cn/sj/zxfb/202302/t20230203_1901080.html，最后访问日期：2025 年 3 月 5 日；《中华人民共和国 2020 年国民经济和社会发展统计公报》，https://www.stats.gov.cn/sj/zxfb/202302/t20230203_1901004.html，最后访问日期：2025 年 3 月 5 日；《2020 年中国儿童人口状况：事实与数据》，https://www.stats.gov.cn/zs/tjwh/tjkw/tjzl/202304/P020230419425666818737.pdf，最后访问日期：2025 年 3 月 5 日。

制度的限制下，农民工及其随迁子女、老人难以获得与城市居民同等的公共服务，难以融入城市社会，呈现"半城市化"的窘迫状态。[1] 在农村劳动力乡城转移的过程中，由于经济、制度与文化等多重因素的限制，农民家庭难以实现全体迁移，导致了农村留守家庭和留守人口日益常态化、普遍化。被拆分的农村留守家庭中的父母、丈夫或子女角色的缺位，给留守儿童、妇女及老人均造成了极大影响，产生了隔代教育、照料责任的女性化与照料困境、婚姻关系不稳定与留守人口农业生产困境以及由此衍生的精神负担等问题。在以"农村空心化""人口市民化"为主导的话语背景下，留居者往往被忽视，而这部分农民群体正是农业现代化和乡村振兴的支柱性力量。城市劳动力就业市场、制度环境和资本下乡的挤压以及当地经济发展、政策鼓励所创造的就业创业机会的吸引，共同构成农民留居的外部环境；而对乡土社会的归属感、对乡土文化的认同感以及对家庭完整性的诉求，构成农民留居的内生动力。这些留居者冲破重重阻碍，利用发展机遇，强化庞大的自然资源库与社会关系网络，增强自主性，发挥能动性，积极发展多样化的生计策略。[2]

农民群体常常在流动、留守与留居三种形态之间相互转换，并适时调整家庭教育、生产和照料安排以及有效利用市场、国家政策等的策略，在维持生计的基础上也最大限度地保持了自主性与能动性。而在流动、留守与留居的每种形态内部，还存在诸多具有高度异质性的分化亚形态。这些都呈现了高度动态的"作为一种过程的农民"（peasantry as a process）的形态特征。[3]

## （四）农村：记忆、虚空与振兴

在社会快速发展变迁的过程中，农村传统社会的自洽性遭遇解构危机，乡村

---

① 王春光：《农村流动人口的"半城市化"问题研究》，《社会学研究》2006 年第 5 期。

② 扬·杜威·范德普勒格：《新小农阶级——帝国和全球化时代为了自主性和可持续性的斗争》，潘璐、叶敬忠等译，叶敬忠译校，社会科学文献出版社，2013，第 37~39 页；Jingzhong Ye, "Stayers in China's 'Hollowed-Out' Villages: A Counter Narrative on Massive Rural-Urban Migration," *Population Space Place*, e2128, https://doi.org/10.1002/psp.2128, 2018。

③ Teodor Shanin, "Peasantry: Delineation of a Sociological Concept and a Field of Study," *European Journal of Sociology*, Vol. 12, No. 2, 1971, pp. 289-300.

共同体的原有结构日益消解为昔日的记忆。在部分村庄趋于消亡的现实之下，人们残存着政治、经济、文化和社会等方面的记忆。

在城市偏向的发展背景下，一些乡村在基层治理、经济发展、社会文化以及人口结构等方面呈现虚空的样态。在基层治理方面，始于 20 世纪 80 年代的进城务工潮流，解构了乡村依据年龄形成的自然层级结构，使得中青年一代发生断层。同时，乡村的新生基层领导力量具有高度流动性，导致乡村的基层治理格局处于高速流变之中，一些地方的基层治理面临持恒性的挑战。在经济发展方面，农村土地因劳动力的缺失而呈现空泛景象，农村社会原有的交易系统也因缺乏主体而日益萧瑟。无论是从生产资料还是从生产力来看，农村都呈现一定程度的空心化态势。此外，在农村商品化进程中，农民逐步摆脱小农经济状态，被卷入市场经济的大潮之中，一些地方的农村经济日益凋敝，呈现虚空的境况。[1] 在社会文化方面，进城务工潮导致的家庭代际隔离，使得农村文化传承失去了直接的亲缘载体；农村"撤点并校"导致学校对村庄的文化辐射功能极度弱化，从而使农村文化丧失传播的教育载体；农村文化由于缺乏合适的物质留存方式，亦面临失传的风险。在人口结构方面，社区内部的"人的依赖关系"已经逐渐被替换为"物的依赖关系"，传统的人情往来习俗亦被严重异化。[2]

当今农村的发展正面临着基于政治导向的机遇。在理论层面，乡村振兴战略和社会主义新农村建设之间具有承继关系。这是"发展"议题的转换以及内容要求的提升，是中国农村发展史上的一次重大理论路径转型。在主体层面，市场对农村的瓦解作用需要政府适度引导，并形成博弈机制。此外，在国家和市场的双重作用下，农民并不是被动的接受者，而是乡村振兴的重要内生动力。

可见，在当今中国的农政结构中，无论是农业生产方式、农地所有权形式，还是农民群体本身或农村社会方面，都不只存在某一种现实形态，而是多种形态并存。并存的各种形态之间，常常存在一定的张力，甚至是传统理论意义上的对立和矛盾。例如，在过往的理论框架里，现代农业和小农农业之间或小农

---

① 叶敬忠：《一分耕耘未必有一分收获——当农民双脚站在市场经济之中》，《中国农业大学学报》（社会科学版）2012 年第 1 期。

② 徐勇：《两种依赖关系视角下中国的"以文治理"——"以文化人"的乡村治理的阶段性特征》，《学习与探索》2017 年第 11 期。

农业与资本农业之间，存在的不是单纯的竞争关系，而往往是一种对立关系；在农地所有权、承包权和经营权之间，虽然农地租赁是历史上的常见现象，但是过往理论中天生一体的承包权和经营权却在中国实践中被分置安排；在流动和留守或留居之间，虽然劳动力和人口的乡城流动是社会发展过程中的必然趋势，但其本身意味着"在一起"的近亿个农村家庭在农民群体的空间分化过程中被大量拆分；而乡愁记忆的蔓延、村庄不断的虚空以及乡村的重建与振兴则呈现了互为逆向的想象和行动。这些相互之间并不连续的各种形态的并存，不仅说明了中国农政结构的包容性和多元性，而且对经典理论提出了阐释上的挑战。

## 三　国际农政理论与中国农政现实

### （一）经典农政理论

关于农政问题、农政结构、农政转型等主题的理论阐释，国际学术界已经形成了几大理论，即马克思主义以及其他如实体主义、新古典与新制度经济学、生计框架、后现代与后结构主义等理论。这些理论被用于不同历史阶段和不同国家或地区的农政研究之中。

马克思主义是农政理论的总体指导性框架，强调现代化进程不能阻碍生产力的发展，生产关系要适合和助力生产力的发展；认为大生产排挤小生产，农民分化既是现代化发展的动力，也是其必然的结果。农业现代化要求土地集中，无产阶级政权以公有制取代土地私有制，在经过城市盘剥乡村的发展过程之后应实现城乡协调发展。此外，实体主义重视小农农业生产的独特性和纵向一体化组织形式，探讨土地社会化的分配形式以及土地合作制的未来利用形式，强调村社文明的超历史性，关注乡村特殊的发展道路和乡村价值的存续；新古典与新制度经济学将农民视为追求效用最大化的理性个体，将农业视为通过要素最优配置实现效率目标的生产过程，重视完善产权与促进市场流转，认为农村只是农民生活的聚居地；生计框架认为农业只是穷人获取生计资源的一种策略，强调关注个体和农户多元而复杂的生计活动组合，将农民视为具有能动性的行动者，关注土地与贫困的动态变化过程、社会结构对于土地资源获取的影响，围绕土地资源分配及其组合与利用的微观实践和背后的权力与政治关系进行讨论；后现代与后结构主义批判破坏自然、剥削人的现代资本主义农业，主张用话语分析的方法研究推动农村变迁和土地权属安排的力量，指出农民如何在发展和变迁中被问题化为需要改造的对象、在流动中被规训为驯服的客体或剩余劳动力。[1]

### （二）经典农政理论对中国农政结构的解释

黄宗智在分析 20 世纪 30 年代华北小农经济与社会变迁时指出，1949 年以前的中国小农具有一体三面的特征，即既是追求利润的逐利者，也是维持生计的生产者，还是受剥削的耕作者。他认为，农民学中的三大学术传统——马克思主义、形式主义（新自由主义）和实体主义（民粹主义），都无法独立解释上述三个方面的特征，而只能解释某一个侧面。例如在小农的实践中，有的更符合新自由主义分析模式，有的更符合马克思主义分析模式，有的更接近于实体主义的描绘。而在有些方面，也许任何一个单一理论都难以对其进行全面解释。例如，对于贫农的政治活动，实体主义和形式主义，甚至是马克思主义，都不足以全面解释，因为有些贫农采取政治行动的动机，似乎并不只是单纯地为了捍卫道义共同体和生存权利，也不是单纯为了谋取最大政治利益或反抗阶级剥削。[2] 的确，无论是农民的现实，还是农业、农地或农村的现实，本身都是不会随着不同理论模型而分割的整体，但同时又不是铁板一块，呈现高度的异质性。因此，某一种理论很难涵盖全部的异质性个体。

在 21 世纪的今天，上述中国农政结构的多重形态更加复杂，不仅在农民群

---

① 参见叶敬忠《高质量中国农村研究不能对外"脱钩"》，载徐勇、叶敬忠、张静《"推动高质量的中国农村研究"三人谈》，《华中师范大学学报》（人文社会科学版）2024 年第 5 期；叶敬忠、吴存玉：《马克思主义视角的农政问题与农政变迁》，《社会学研究》2019 年第 2 期；叶敬忠、张明皓：《恰亚诺夫主义视角的农政问题与农政变迁》，《开放时代》2021 年第 3 期；叶敬忠、王丹：《新古典与新制度经济学视角的农政问题及农政变迁》，《中国农业大学学报》（社会科学版）2019 年第 1 期；叶敬忠、贺聪志、许惠娇：《生计框架视角的农政问题与农政变迁》，《华中农业大学学报》（社会科学版）2019 年第 1 期；叶敬忠、汪淳玉：《后现代与后结构主义视角的农政问题及农政变迁》，《华南农业大学学报》（社会科学版）2018 年第 6 期。
② 黄宗智：《明清以来的乡村社会经济变迁：历史、理论与现实·卷一·华北的小农经济与社会变迁》，法律出版社，2014，第 6、260 页。

体方面呈现一体多面的特征，而且在农业生产方式、农地所有权形式和农村社会方面呈现多种形态特征。同样，阐释农政问题、农政结构、农政转型等主题的五大理论可对某些方面进行解释，均有其特定性。

1. 农业生产方式

中国近现代以来长期追求的农业现代化发展目标以及近年来大力发展现代农业，显然是马克思主义中国化过程中所导向的农业大生产模型。在此方面，考茨基在《农政问题》中用了两章的篇幅论述现代农业。[①] 很多地方鼓励和吸引工商资本进入农业与农村，发展各类产业。即便是政府的扶贫工作，主要抓手也是产业扶贫，即以市场为导向发展地方特色产业，如引入资本发展果蔬、中药材种植加工、畜禽养殖等产业。这样的导向显然更多依托的是制度经济学所强调的要素优化配置模型。但是这并不能解释中国农业现代化的所有面向，小农农业在中国存续几千年，即使在今天也被认为没有完全过时，有充分的合理性和必要性。[②] 尤其是，党的十九大报告及之后的一系列中央文件，都将小农户发展放在显要位置，并提出要采取针对性措施，"促进小农户和现代农业发展有机衔接""帮助小农户对接市场""发展多样化的联合与合作，提升小农户组织化程度"[③] 等。这些措施可以从实体主义逻辑的角度去理解。在中国，现代农业与小农农业共存，并同时得到政府的支持且被鼓励进行有机衔接，这显然超越了"考茨基-伯恩斯坦/大卫论辩"（"大生产-小生产论辩"）以及"恰亚诺夫-列宁/考茨基论辩"（实体主义与马克思主义论辩），从而实现二者从对立向融合的转变。[④] 而当聚焦农民的生存策略时，可以通过生计框架来解释中国大部分农村家庭在小块土地上精耕细作、发展庭院经济，或将农业生产与各种兼业相结合，或在家庭主要劳动力外出务工后将双季稻改为单季稻，通过这样的农业集约化、兼业化或粗放

① 　Karl Kautsky, *The Agrarian Question (2 Vols)*, London：Zwan, 1988, p. 35, 59.

② 　姚洋：《小农生产过时了吗》，《北京日报》2017 年 3 月 6 日，第 18 版。

③ 　参见《习近平：决胜全面建成小康社会 夺取新时代中国特色社会主义伟大胜利——在中国共产党第十九次全国代表大会上的报告》，https://www.gov.cn/zhuanti/2017-10/27/content_5234876.htm，最后访问日期：2025 年 3 月 8 日；《中共中央 国务院关于实施乡村振兴战略的意见》，https://www.gov.cn/zhengce/2018-02/04/content_5263807.htm，最后访问日期：2025 年 3 月 8 日。

④ 　叶敬忠：《农政问题：概念演进与理论发展》，《社会学研究》2022 年第 1 期。

化策略来维持农业生产和家庭生计。[①] 有趣的是，在中国大力发展现代农业的同时，对现代农业的反思也如影随形。伴随着对农业的多功能性、有机性、生态性、艺术性和社会性的认识不断加深，出现了各种强调人与自然协调生产的小型农业、生态农业、有机农业，涌现出了各类强调农业多功能性的关怀农场、休闲农业、都市农业、社区支持农业等替代性农业生产与组织方式以及新农人等农业经营主体。这些新兴的农业形式体现了后现代与后结构主义对于农业现代化过程中弊病的反思。

2. 农地所有权形式

新中国成立后，于 1950 年颁布实施《中华人民共和国土地改革法》，废除封建的地主土地所有制，实行农民土地所有制，到 1952 年底土地改革基本完成。1953 年之后，国家通过集体化运动将农民土地所有制转变为集体所有制，至今农地的土地所有权仍然是集体所有制形式。可见，1949 年之后，农地的国家（或集体）所有制是基于马克思主义理论指导的一种制度安排。改革开放以后，土地所有权与土地承包权及土地经营权通过家庭联产承包责任制实现了分离，土地承包权和土地经营权在绝大多数情况下是绑定在一起的。虽然在一定时期内家庭联产承包责任制的实施极大地提高了土地生产率，但也导致了农户家庭的农地及农业生产细碎化。自 2013 年以来，在国家政策的鼓励以及城市工商资本的推动下，大规模的土地流转与集中在农村展开，实现了土地所有权、土地承包权与土地经营权的"三权分置"[②]，这一制度安排在 2018 年中央一号文件和党的十九大报告中得到了保证。与土地流转相伴随的是土地确权工作的开展，其目的是进一步促进土地流转的开展。该轮土地流转和土地确权工作，初始宗旨是借鉴制度经济学的分析框架，发挥市场在农地使用方面的配置作用，清除土地承包权和土地经营权相绑定的制度障碍，后续也陆续出现地方试行的土地市场、土地信托等模式。但是，改革开放以后，中国农地制度安排中始终有一条底线，那就是"保持土地承包关系稳定并长久

---

① Jan Douwe van der Ploeg and Jingzhong Ye, "Multiple Job Holding in Rural Villages and the Chinese Road to Development," *The Journal of Peasant Studies*, Vol. 37, No. 3, 2010, pp. 513–530.

② Jingzhong Ye, "Land Transfer and the Pursuit of Agricultural Modernization in China," *Journal of Agrarian Change*, Vol. 15, No. 3, 2015, pp. 314–337.

不变"，即确保农民的土地承包权。这在党和政府的各类文件中均得到明确保证。无论是政府还是社会，都充分认识到农地是大多数中国农民的安身立命之本，是维持其生存和发展的根本依靠。但是我们知道，农地不仅承担了生产的职能，生活在农村地区，依托农地作为生产资料的农民的再生产过程也与农地紧密相连。如果想理解农地与农民生活之间的紧密联系，则可以借助实体主义的理论框架。[①] 值得注意的是，虽然政府推动的土地流转大范围展开，但仍有大量农村家庭不愿意流转土地。对于很多外出务工的家庭来说，尽管土地产出与务工工资相比可能很少，但他们一般坚持保留对小块农地的种植，或者由留守乡村的老人种植，而不进行流转。这些家庭的行为与生计框架理论的解读是相通的，农民家庭视农地为开展生计活动的重要资源。此外，除了政府推动的大规模土地流转之外，农户之间长期存在各种民间的、非正式的土地管理安排，如地块置换、临时流转、代耕代种等，这些来自民间的多元实践，在一定程度上受到了后现代与后结构主义理论的启发。

3. 农民群体

20 世纪 80 年代乡镇企业的发展实现了大量农村劳动力的"离土不离乡"。20 世纪 90 年代开始的大规模劳动力乡城流动使得大量农民"离土又离乡"。[②] 截至 2024 年末，中国有近 3 亿农民工，其中约 1.8 亿为外出进城务工的农民工。[③] 可见，改革开放以来农民群体中的很大一部分加入了工业化的大潮，成为工人的队伍的补充。同时，近年来土地流转使得部分农民从小农变成农场工人，也有各类外来资本主体或积累了资本的农民自己开办企业，雇用其他农民。这些现象正是马克思主义理论下农民分化和（半）无产阶级化过程的体现。此外，在农民家庭作出外出与留守的决策安排时，一个很重要的叙事便是城市化、工业化对劳动力的大量需求和农村劳动力的大量剩余而产生的推拉效应，加之农民权衡利弊得失进行理性选择后作出的决定。每个家庭的外出与留守常被视为自由的决策选择，是社会进步的表

---

[①]　韩俊：《准确把握土地流转需要坚持的基本原则》，《山西农经》2014 年第 3 期；彭小兵、熊晓：《城市化过程中的农地征用及农村社会保障机制》，《重庆大学学报》（社会科学版）2006 年第 6 期；张红宇：《中国农地调整与使用权流转：几点评论》，《管理世界》2002 年第 5 期。

[②]　韩俊：《农业剩余劳动力转业模式刍议》，《农业现代化研究》1987 年第 4 期。

[③]　《中华人民共和国 2024 年国民经济和社会发展统计公报》，https://www.stats.gov.cn/sj/zxfb/202502/t20250228_1958817.html，最后访问日期：2025 年 3 月 8 日。

现。这与制度经济学中个体对经济利益的谋求是一致的。① 与大量农村劳动力的乡城流动相伴随的是近 1.5 亿农村儿童、妇女和老人的留守②，他们对维系农业生产和乡村共同体的乡土文化起到重要作用。无论是国家还是地方政府，都对留守人口为国家发展所付出的代价以及他们留守乡村所起到的作用有较为深刻的认识，且努力采取各种措施和行动给予他们关爱与支持。这在一定程度上体现了实体主义理论下对个体思维和行动的理解。对于那些非留守家庭的留居者来说，家庭成员未选择外出务工，要么是因为家庭劳动力无法外出，只能在现有的家庭人力资源和其他资源的基础上在乡村维持家庭生计；要么是因为在乡村可以利用各种现有资源从事获得比外出务工收入更多的生计活动。③ 这样的留居安排与生计框架下对社会现实的推断是相同的。此外，农民群体中也不乏将从事农业和居住在农村作为一种生活方式的人，以及选择在工业化之外的生活方式而回归乡村或从事农业的新农民群体。这种倾向和后现代与后结构主义理论所体现的情况具有相似之处。

4. 农村社会

改革开放以来，乡村经历了不断推进的商品化进程。这一进程通过生存资料的商品化、强制商品化、"鼓励"农民进入货币经济体系以及经济力量的无声强制等机制得以实现，使得大量农村劳动力不得不外出务工，以满足商品化进程所制造的家庭对现金收入的需要。另外，长期以来的城市偏向的发展政策也使得农村的矿产等物质资源源源不断地供应给城市。④ 无论是人力资源还是物质资源，农村的发展在一定程度上为工业化和城市化的资本积累提供了支持，但同时导致了乡村在人口、资源等方面的虚空。这是马克思主义理论所阐释的发展过程。改革开放以来，

---

① "中国农村劳动力流动"课题组：《农村劳动力外出就业决策的多因素分析模型》，《社会学研究》1997 年第 1 期；杨春平：《中国农民的兼业成因及其影响》，《东岳论丛》2010 年第 9 期；叶敬忠：《农村留守人口研究：基本立场、认识误区与理论转向》，《人口研究》2019 年第 2 期。
② 叶敬忠：《发展的故事：幻象的形成与破灭》，社会科学文献出版社，2015，第 70 页。
③ Jingzhong Ye, "Stayers in China's 'Hollowed-Out' Villages: A Counter Narrative on Massive Rural-Urban Migration," *Population Space Place*, e2128, https://doi.org/10.1002/psp.2128, 2018.
④ 叶敬忠：《发展的故事：幻象的形成与破灭》，社会科学文献出版社，2015，第 49~57、81 页。

农村发展的一个思路便是将农民带入市场或将市场送给农民，人们相信通过商品化能够解决农村发展问题。即使是在贫困地区，人们也相信只有商品化才是脱贫的灵丹妙药，从而将农民推入市场之中。[①] 同时，农村中小学的布局调整等重大政策的推进，是根据所谓的教育资源优化配置原则进行的，它同时带动了城市的消费，助推了城镇房地产市场的发展。[②] 这些看似理性的行动，其实主要是围绕市场的逻辑来发展乡村，在一定程度上导致了城市对乡村的虹吸现象，结果是乡村的进一步虚空。此外，与土地一样，乡村作为中国社会稳定器和劳动力蓄水池的功能，一直得到政府和社会的广泛认可。因此，国家政策始终将农业农村农民问题看作关系国计民生的根本性问题，作为工作任务的重中之重，且强调要坚持农业农村优先发展。[③] 尤其是，党的十九大报告和之后的一系列中央文件将乡村振兴战略提到一个前所未有的高度。在改革开放 40 余年的农村发展中，无论是在政策扶持上还是在实践行动中，农民基于当地资源探索适合本地区发展的各种生计创新活动是农村发展与变迁的重要内容。这些创新实践与生计框架所倡导的模型是相通的。而随着国家发展进程的快速推进，发展观念和发展方式发生了很大转变，农村社会十分强调优秀传统文化的传承和生态文明建设，强调人与自然和谐共生和生命共同体认识，强调必须尊重自然、顺应自然、保护自然，倡导简约适度、绿色低碳和健康文明的生活方式。[④] 这些正是在后现代与后结构主义理论反思下的社会意识。

上述总结表明，中国的农政结构形态多样、变迁复杂。总体来说，马克思主义指导了中国国家发展进程以及农政结构转型的整体性方向；实体主义关注了发展进程中的民生和生存元素以及农民群体与乡村共同体在中国的经济发展和社会稳定中的作用；新古典与新制度经济学给国家发展和农政结构转型注入了商品化的思维和市场的力量；生计框架倡导了立足于自身优势和可及资源的多元生计创新实践；而

---

① 　古学斌、张和清、杨锡聪：《地方国家、经济干预和农村贫困：一个中国西南村落的个案分析》，《社会学研究》2004 年第 2 期。

② 　叶敬忠：《作为治理术的中国农村教育》，《开放时代》2017 年第 3 期。

③ 　参见《习近平：决胜全面建成小康社会 夺取新时代中国特色社会主义伟大胜利——在中国共产党第十九次全国代表大会上的报告》，https://www.gov.cn/zhuanti/2017-10/27/content_5234876.htm，最后访问日期：2025 年 3 月 8 日。

④ 　中共中央宣传部编《习近平新时代中国特色社会主义思想学习纲要》，学习出版社、人民出版社，2019，第 171~173 页。

后现代与后结构主义则为中国社会的多重形态和多元发展途径并存，尤其是对发展进程中出现的各类问题进行不断反思和自我调整提供了空间。

## 四　理论的特定性与中国理论的建构

中国农政结构的多重形态，一方面呈现了社会现实的整体性，另一方面呈现了中国农政问题的独特性。而国际农政理论对中国农政现实的解释困境，一方面说明了现有五大理论本身的特定性，另一方面说明了中国国情的特殊性。对这些方面的深刻认识和把握，是建构中国自主农政知识体系的基础。

### （一）理论本身的特定性

社会现实是一个密不可分的整体，不会因为任何学科分野或理论范式的分野而割裂成不同的部分。一个好的理论也许会比其他理论能解释和概括复杂现实中更多的现象①，但没有任何理论能够对社会现实的所有面向进行解释。黄宗智指出，对于社会现实进行阐述的社会理论，世界上没有放之四海和古今而皆准的绝对真理，任何理论都有其历史和社会背景，无论提倡者多么想将其理论自封为超越经验现实的科学理论，都必须通过特定的历史环境来理解。因此，社会科学领域不存在任何超越实际的全能性理论。尤其是，自然科学与人文社会科学的对象和主题在性质上截然不同，前者研究的是物质的世界，后者研究的则是带有意志和情感的人类社会。② 因此，对于中国的农政结构来说，作为一个整体，本来就不能期望存在某个普遍性理论能够解释中国农政结构的所有侧面。同时，因为任何理论都产生于特定的历史时期和社会背景，所以没有一个理论能够解释中国特定历史时期和社会背景下的全部农政现实。同样，马克思主义、实体主义、新古典与新制度经济学、生计框架、后现代与后结构主义在产生的历史背景和分析的旨趣重点等方面，各自具有特定性和特殊性。

社会现实的建构离不开结构和行动这两方面元素，并在结构与行动的形塑与被形塑过程中彰显出变迁的动态性。当一个理论重在理解结构时，其往往会强调

---

① 李纯一：《社会科学需要破除理科思维》，《文汇报》2011年7月4日，第13版。
② 黄宗智：《连接经验与理论：建立中国的现代学术》，《开放时代》2007年第4期。

社会整体而弱化了个体的存在，走向整体主义、结构主义和宏观偏向的一端；反之，当一个理论重在理解行动时，其往往会强调个人行动和自主性而弱化社会结构的作用，走向个体主义、行动主义和微观偏向的一端。[①] 在阐释农政问题、农政结构与农政转型的五大理论中，马克思主义强调的显然是社会秩序和社会制度，是结构主义的；生计框架强调的是行动者的能动性，是行动主义的；实体主义虽然不回避整体的社会结构和社会进化，但其更加关注农民的能动性和行动力；新古典与新制度经济学虽然不回避个体的理性决策能力，但其更加关注市场等制度结构的作用；而后现代与后结构主义则是对制度结构和行动过程的解构，从而否定发展中任何主流或一元存在方式的合法性。亨利·费尔特迈尔（Henry Veltmeyer）曾评论农政研究领域的马克思主义学者亨利·伯恩斯坦（Henry Bernstein）与实体主义学者扬·杜威·范德普勒格（Jan Douwe van der Ploeg）的论争，认为二者的本质不同，其实只不过是前者更加强调结构的作用，后者更加强调行动的作用。

### （二）中国国情的特殊性

如前所述，理论都有其特定的历史时期和社会背景。例如，作为总体性指导框架的马克思主义源于 19 世纪 40 年代对西欧资本主义发展的分析。此外，实体主义源于 19 世纪 50~80 年代俄国的社会主义运动，新古典与新制度经济学源于 20 世纪 50~60 年代西方经济学在资本主义制度框架内对自由市场经济的分析，生计框架源于 20 世纪 80~90 年代以英国为主要代表的国际发展组织对国际发展行动失败的分析，后现代与后结构主义则源于 20 世纪 50 年代以法国学者为主要代表的人文社会科学领域所开展的对现代主义的反思和批判。可见，这些理论无一源于中国的农政实践，因此难以全面解释在中国特定的历史时期与社会背景下所面对的农政问题、形成的农政结构和经历的农政转型。这是情理之中的事情。诚然，每个国家均会有其特殊的历史时期与社会背景，但是与世界其他国家相比，中国的国情也许更为特殊。

黄宗智在分析 20 世纪 30 年代华北小农经济与社会变迁时就曾指出，18 世纪

---

① 王宁：《个体主义与整体主义对立的新思考——社会研究方法论的基本问题之一》，《中山大学学报》（社会科学版）2002 年第 2 期。

的英国和现代的美国相对来说是"地多人少"，而中国的基本国情是"人多地少"。由于农业的有机要素（人力和地力）投入和工业的无机要素（资本和科技）投入之产出的可能扩大幅度非常不同，中国人力、地力的限度和关系的局限约束了土地的产出和单位劳动力的可能产出，这使得中国农业不可能像美国那样简单凭借机械力的投入来大规模提高单位劳动力和单位土地的产出。因此，对于中国农业来说，无论是资本还是科技投入，或产权制度、社会结构、市场关系等，都不能脱离中国的特殊国情，即从土地-人口关系出发的"人多地少"这一基本条件。[1] 中国国情的特殊性在 21 世纪的今天不但没有改变，反而显得更加突出。

在农民方面，中国农民数量依然庞大，中国总人口在 2024 年末达到 14.08 亿人，其中乡村常住人口约 4.65 亿人[2]，乡村户籍人口在 2023 年末约为 7.29 亿人[3]。尤其是，中国的小农户数量巨大。据测算，2021 年经营规模在 50 亩以下的小农户约为 2.3 亿户。[4] 可见，小农户是中国农业经营的主体，小农户在农业生产中的现代化程度，直接决定了中国农业农村现代化的发展程度。[5] 在农地方面，中国人均耕地面积很小，虽然土地流转已经达到一定规模，但农地分散化经营的格局依然显著。[6] 在农业方面，中国拥有千年小农农业传统，承载中国农业文明史的传统小农家庭经营，非常有利于生态环保的有机生产，具有食品安全、环境保护和社会稳定三大正外部性。[7] 事实上，中国的小农家庭和村庄发挥着劳动力"蓄水池"的作用，稳定时期为经济发展提供廉价劳动力，困难时期则成为

---

[1] 黄宗智：《明清以来的乡村社会经济变迁：历史、理论与现实·卷一·华北的小农经济与社会变迁》，法律出版社，2014，第 4、7 页。

[2] 《中华人民共和国 2024 年国民经济和社会发展统计公报》，https://www.stats.gov.cn/sj/zxfb/202502/t20250228_1958817.html，最后访问日期：2025 年 3 月 8 日。

[3] 根据相关数据测算的结果，参见《中华人民共和国 2023 年国民经济和社会发展统计公报》，https://www.stats.gov.cn/sj/zxfb/202402/t20240228_1947915.html，最后访问日期：2025 年 3 月 8 日；《我国 2019 年以来 5000 万农业转移人口进城落户》，https://www.gov.cn/lianbo/bumen/202405/content_6953810.htm，最后访问日期：2025 年 3 月 8 日。

[4] 王海娟：《面向高标准农田建设的农地制度创新：小农户视角》，《南京农业大学学报》（社会科学版）2024 年第 4 期。

[5] 王亚华：《什么阻碍了小农户和现代农业发展有机衔接》，《人民论坛》2018 年第 7 期。

[6] 罗必良、李尚蒲：《论农业经营制度变革及拓展方向》，《农业技术经济》2018 年第 1 期。

[7] 吴野：《回望四千年的农夫》，《中国图书评论》2011 年第 8 期。

社会危机转嫁的承载体。[1] 在农村方面，乡村社会是中国文化的主要载体，乡村文化是中国传统文化的重要根基，是理解中国社会的切入口[2]，也是传统文化的"源头"和农耕文明的"载体"。数千年形成的农业文明积淀在乡村，是人与自然相互作用的产物，蕴含着中华民族的文化基因。[3] 乡村村落价值主要体现在生产价值、生活价值、生态价值、文化价值与教育价值等方面。[4]

上述这些特有国情，决定了那些基于其他国家历史时期和社会背景的理论很难全面阐释中国的农政结果和农政现实。黄宗智曾提醒，学术一定要"求真"，而不能迎合时髦的理论；学术研究应该从认识实践出发，而不是从理论前提出发。因此，对于中国的社会科学来说，一定要到中国的经验现实中去寻找强有力的分析概念，同时通过与经典理论进行对话来建构自己的理论。[5] 对于中国的农政研究来说，我们需要从复杂现实的多个侧面去理解[6]，并综合现有经典理论中适合解释中国特殊国情的元素，建构基于中国特定历史时期和社会背景、能够解释中国农政结构的学术理论。在此基础上，中国的哲学社会科学可以进一步分析和研究中国的农政转型实践，从而构建以中国式现代化为总体目标框架的中国式农政转型道路，并建构服务于中国式农政转型的自主知识体系。

〔作者叶敬忠，中国农业大学人文与发展学院院长、教授〕

（责任编辑：罗　婧）

---

① 温铁军、程存旺、石嫣：《中文版序言 理解中国的小农》，载富兰克林・H. 金《四千年农夫：中国、朝鲜和日本的永续农业》，程存旺、石嫣译，东方出版社，2011，第 3 页。

② 赵旭东、孙笑非：《中国乡村文化的再生产——基于一种文化转型观念的再思考》，《南京农业大学学报》（社会科学版）2017 年第 1 期。

③ 李华东：《乡村的价值与乡村的未来》，《建筑学报》2013 年第 12 期。

④ 朱启臻、赵晨鸣、龚春明等：《留住美丽乡村——乡村存在的价值》，北京大学出版社，2014，第 72~256 页。

⑤ 黄宗智：《认识中国——走向从实践出发的社会科学》，《中国社会科学》2005 年第 1 期；黄宗智：《明清以来的乡村社会经济变迁：历史、理论与现实・卷一・华北的小农经济与社会变迁》，法律出版社，2014，第 15 页。

⑥ 李纯一：《社会科学需要破除理科思维》，《文汇报》2011 年 7 月 4 日，第 13 版。

# 中国绿色发展的核心要义、转型路径及全球贡献[*]

禹　湘　胡文涛

**摘　要**：中国式现代化是人与自然和谐共生的现代化，绿色发展是中国式现代化的鲜明标识。中国绿色发展既是国家战略转型的核心内容，也是全球可持续发展的重要推动力。本文从人民性的视角出发，围绕以人民为中心的发展理念和以人民为主体的实现路径，系统阐述了中国绿色发展的核心要义。在此基础上，本文从四个方面系统分析了中国绿色发展的转型路径，指出产业结构绿色转型升级是关键着力点、能源结构绿色低碳转型是重要基础、绿色低碳技术创新突破是核心驱动力，以及绿色消费模式培育推广是内生动力。中国对全球绿色发展的贡献与引领主要体现在三个方面：切实落实《2030年可持续发展议程》、积极应对气候变化并承诺实现碳达峰与碳中和，以及为全球环境治理作出重要贡献。实践表明，中国通过绿色发展不仅改善了生态环境质量，提升了人民生活品质，也有力推动了全球绿色发展的进程。

**关键词**：绿色发展；人民性；人与自然和谐共生；全球贡献

---

[*]　本文系中国社会科学院重大创新工程项目"生态文明自主知识体系的核心基础理论及其政策含义"（批准号：2024YZD001）、中国社会科学院生态文明研究所创新工程项目"生态文明范式下协同推进降碳减污扩绿增长机制研究"（项目编号：2023STSA01）的阶段性研究成果。

# 一　引言

工业革命推动了生产力与文明的巨大进步，但也造成了气候变化、环境污染、生物多样性丧失等环境问题，对人类可持续发展构成严重威胁。[①] 习近平总书记指出："面对生态环境挑战，人类是一荣俱荣、一损俱损的命运共同体，没有哪个国家能独善其身。"[②] 当今社会，绿色发展日益成为全球共识和时代主题。然而，长期以来，在西方资本主义制度下，资本权力迫使自然界的一切商品化、价值化，服务于资本增值。[③] 因此，其生态环境保护措施难以真正实现人与自然和谐共生。作为世界第二大经济体和最大的发展中国家，中国在全球绿色发展进程中扮演着举足轻重的角色。中国始终坚持以人民为中心，走出了一条具有中国特色的绿色发展道路，为全球环境治理贡献了中国智慧和中国方案。在新时代，有必要进一步深化对绿色发展的理论探索，为科学推进绿色发展、充分发挥中国在世界绿色发展中的引领作用提供参考。

关于对绿色发展内涵的理解，已有研究大多从生态环境和经济发展相协调的角度出发，强调绿色发展是可持续发展[④]，具体包括经济"绿色化"和绿色"经济化"两方面[⑤]。但也有学者指出，不同于可持续发展观，绿色发展更加强调全球治理以及人民福祉水平的提升。[⑥] 绿色发展新范式在绿色转型目标上要

① 朱民、Nicholas Stern、Joseph E. Stiglitz、刘世锦、张永生、李俊峰、Cameron Hepburn：《拥抱绿色发展新范式：中国碳中和政策框架研究》，《世界经济》2023 年第 3 期。

② 《【理响中国】共建清洁美丽世界，总书记这些话引人深思》，http://www.qstheory.cn/2022-09/09/c_1128989284.htm，最后访问日期：2025 年 4 月 8 日。

③ 庞永红、卢雅丽：《"人类世"还是"资本世"？——马克思人类社会与自然生态辩证关系思想》，《江苏行政学院学报》2024 年第 5 期。

④ 刘德海：《绿色发展理念的科学内涵与价值取向》，《江苏社会科学》2017 年第 3 期；刘宇炫、王毅：《绿色转型引领发展的特征、挑战与取向》，《生态文明研究》2024 年第 6 期。

⑤ 刘华军、吴倩敏：《新时代十年中国绿色发展之路》，《中国人口·资源与环境》2024 年第 3 期。

⑥ 胡鞍钢、周绍杰：《绿色发展：功能界定、机制分析与发展战略》，《中国人口·资源与环境》2014 年第 1 期。

求坚持以人民为中心，不断满足人民对优美生态环境的需求。① 关于绿色发展的转型路径，学者们从经济结构调整②、绿色技术创新③、政策驱动④以及公众参与⑤等角度进行了分析，普遍认为中国在绿色发展转型方面取得了卓越成就。然而，目前鲜有研究系统分析中国绿色发展对全球绿色发展进程的贡献。如何理解绿色发展与人民福祉的关系，其发展转型路径主要体现在哪些方面，以及中国的绿色发展实践又对全球作出了哪些贡献，这些问题值得深入探讨。深入分析这些问题，不仅有助于我们深化对绿色发展的理解，而且对建设人与自然和谐共生的现代化，以及推动构建人类命运共同体具有重要的理论和现实意义。

## 二　绿色发展的核心要义

### （一）以人民为中心的发展理念

习近平总书记深刻指出："绿色发展，就其要义来讲，是要解决好人与自然和谐共生问题。"⑥ 实现人与自然和谐共生作为绿色发展的核心要义，不仅是中国式现代化的重要特征，也是提升人民福祉水平与解决重大民生问题的必由之路。绿色发展要求以人民为中心，通过改变生产方式和生活方式，实现人与自然的良性互动和可持续发展，最终提升人民福祉水平、改善社会民生。这要求绿色发展不仅追求生态保护与经济发展的协调，更是以人民为中心的发展理念在生态文明领域的具象化。事实上，坚持以人民为中心是马克思主义最鲜明的品格，也

---

① 孙博文：《建立生态产品价值实现机制："五难"问题及优化路径》，《天津社会科学》2023 年第 4 期。

② 付奎、刘炳荣、张杰：《数字产业发展何以赋能区域低碳转型——基于经济结构调整的视角》，《中国地质大学学报》（社会科学版）2025 年 1 月 27 日网络首发。

③ 徐瑾、单子强：《绿色技术创新对城市碳减排的影响研究——基于空间计量模型的实证分析》，《经济问题探索》2024 年第 9 期。

④ 刘娜、高新伟：《"蓝天保卫战"如何影响减污降碳协同度?》，《中国人口·资源与环境》2024 年第 7 期。

⑤ 马平平、张明：《公众环保参与对企业减污降碳协同治理的效应研究》，《系统工程理论与实践》2025 年 2 月 18 日网络首发。

⑥ 习近平：《习近平谈治国理政》（第二卷），外文出版社，2017，第 207 页。

是构建绿色发展新范式的根本目标。① 其本质是通过重塑人与自然、人与社会的关系，将生态价值转化为民生福祉，让绿色发展成果真正转化为人民群众可感知、可共享的获得感与幸福感。人民利益至上作为绿色发展的价值旨归，体现了绿色发展的根本目的。这要求绿色发展不只是单纯的技术变革或产业转型，而是以提升人民福祉水平为核心的发展模式转换。因此，绿色发展理念的提出与实施，本质上是对人民向往美好生活的积极回应。人民利益至上这一价值取向引导绿色发展理念在政策制定、资源配置和制度设计等方面始终以人民需求为导向，确保发展成果公平惠及全体人民。

作为重大社会民生问题，生态环境保护直接关系到人民群众的生活质量和健康水平。习近平总书记指出："良好生态环境是最公平的公共产品，是最普惠的民生福祉。"② 空气、水、土壤等环境要素的质量直接影响人民群众的身体健康和生活幸福感。环境污染对人民群众健康的危害是全方位的，覆盖了人体各系统和各年龄段人群。如空气污染导致呼吸系统疾病发病率上升，特别是 $PM_{2.5}$ 等细颗粒物可直接进入血液循环系统，引发心血管疾病。由环境污染和生态破坏导致的健康问题不仅增加了个人医疗支出，也加重了国家医疗保障系统的负担。同时，环境质量也成为当前公众评价经济发展质量和政府工作的重要指标。在发展阶段转型和需求结构升级的背景下，公众对生态环境质量的诉求日益强烈，环境治理成效直接影响政府的形象和公信力。在推进中国式现代化的进程中，环境质量的改善已经成为评判现代化建设成效的重要标准。因此，在绿色发展过程中坚持以人民为中心，是满足人民日益增长的优美生态环境需求的必然选择。

随着物质生活水平的提高，人民群众对生态环境质量的要求也日益提高，从"求温饱"向"求生态"持续转变。优美生态环境作为美好生活的核心要素，具有以下特点。一是普惠性。优美生态环境惠及全体人民，不因人的身份、地位、贫富差异而有区别。生态环境的改善能够提升全民福祉水平，尤其对弱势群体而言，良好的生态环境是其基本生存权的重要保障。二是基础性。优美生态环境是

---

① 孙博文：《加快发展方式绿色转型：内在逻辑、任务要求与政策取向》，《改革》2023 年第 10 期。
② 中共中央文献研究室编《习近平关于社会主义生态文明建设论述摘编》，中央文献出版社，2017，第 4 页。

人民健康、安全和幸福的基础保障。生态环境更与人们的心理健康息息相关，生态环境的美好能够缓解现代人的精神压力，提升生活满意度。三是长期性。优美生态环境的建设成效具有长期影响，涉及当代人和后代人的共同利益。生态环境的恶化往往具有不可逆性，一旦破坏可能需要数十年甚至上百年的时间才能恢复。因此，保护生态环境就是保护人类的未来，是对子孙后代负责任的体现。四是综合性。优美生态环境的实现需要经济、政治、文化、社会等多领域的协同推进。只有多方协同、系统推进，才能实现生态环境的根本好转。在中国特色社会主义进入新时代后，人民群众对优美生态环境的期待更加迫切。环境污染已成为公众关注的焦点问题，特别是空气质量、水环境质量等与日常生活密切相关的环境问题更是引发广泛关注[1]，主观空气质量与个人幸福感密切相关[2]。

### （二）以人民为主体的实现路径

绿色发展不仅是为了人民，更需要依靠人民的广泛参与和深度实践才能真正实现。人民群众既是绿色发展的受益主体，也是绿色发展的实践主体和创新主体。没有全体人民的思想转变和行动参与，绿色发展就会成为悬浮于现实之上的构想，难以落地生根。马克思主义历史唯物主义指出人民群众是历史的创造者，是推动社会进步的决定性力量。人民群众不仅是物质财富的创造者，也是精神财富的创造者，更是社会变革的主体力量。[3] 在绿色发展的进程中，这一理论具有重要的现实指导意义。绿色发展的成效不仅取决于顶层设计的科学性，更取决于基层实践的广泛性和创造性。在全球气候变化和生态环境压力日益加大的背景下，坚持绿色发展依靠人民，充分发挥人民群众的主体作用和创造精神，是应对生态环境挑战、实现绿色发展的必由之路。

---

[1]　Xinya Yang, Liuna Geng, and Kexin Zhou, "Environmental Pollution, Income Growth, and Subjective Well-Being: Regional and Individual Evidence from China," *Environmental Science and Pollution Research*, 2020, 27, pp. 34211-34222.

[2]　Xue Xia, Yihua Yu, and Yuhan Zou, "Air Pollution, Social Engagement and Subjective Well-Being: Evidence from the Gallup World Poll," *Environmental Science and Pollution Research*, 2022, 29, pp. 52033-52056.

[3]　俞海、马竞越、贺舒琪：《人与自然和谐共生现代化视域下的习近平生态文明思想研究》，《阅江学刊》2025 年第 1 期。

人民群众在日常生产生活中直接面对环境问题，对生态环境的变化最为敏感，也最了解当地的生态状况。人民群众通过长期的生产生活实践，对局部生态系统形成了较为全面的认知。这种认知不仅包括对环境要素变化的直观感知，也包括对生态过程的经验性理解。特别是在农业生产领域，农民通过世代积累的农事经验，掌握了土壤、水文、气候等要素之间的关联性，这种经验性理解是地方性生态智慧的重要组成部分。在工业化进程中，作为生产活动的直接参与者，产业工人对环境风险具有最直接的暴露性认知。他们能够及时发现生产过程中的污染源点、排放路径和累积效应，这种识别能力是环境风险防控体系的重要补充。同时，城市居民在日常生活中对环境质量变化的敏感度，构成了环境风险预警的社会基础。人民群众在适应和改造自然环境的历史进程中，形成了独特的传统生态知识体系。这种知识体系包含对特定生态系统结构和功能的深入理解，以及与之相适应的资源利用模式。特别是在生物多样性保护领域，当地居民群众的传统生态知识对物种保护和栖息地管理具有重要的参考价值。

此外，绿色发展涉及生产方式和生活方式的全面转型，需要依靠广大人民群众的积极参与和创造性实践。绿色发展的实现必须以生态文明理念的深入人心为前提。人民群众在日常生活中的环保实践，既是生态文明理念的具体体现，也是生态文化形成的实践基础。绿色发展要求对传统高消耗、高污染的生产模式进行系统性变革。在这一过程中，人民群众既是生产力的直接提供者，也是技术创新的实践主体。一线工人和科研人员通过生产与创新实践积累的经验和智慧，往往能够发现节能减排的技术路径，提出清洁生产的改进方案。特别是在产业转型升级过程中，一线工人对生产工艺的优化和技术革新具有不可替代的实践价值。绿色发展需要全社会形成节约资源、保护环境的行为习惯和价值取向。这种转变必须扎根于人民群众的日常生活实践。例如，垃圾分类、节能节水、绿色出行等环保行为的推广，需要依靠群众的自觉参与和持续实践。通过这些群众性的环保活动，可以进一步培育和传播生态文明理念，推动形成绿色发展的文化认同。只有当环保理念内化为群众的生活方式时，绿色发展才能获得持久的社会动力。

在制定和践行绿色发展政策时，广泛听取人民群众的意见建议，保障人民群众的知情权、参与权、表达权和监督权至关重要。这不仅体现了绿色发展的人民本位理念，也是增强政策科学性和可执行性的必然选择。环境领域长期存在严重的信息不对称问题，政府和企业掌握大量的环境信息，而公众对环境状况、污染排放、环境风险等信息了解有限。这种不对称导致公众无法有效参与环境决策，也难以对环境行为进行有效监督。有效打破信息垄断，保障公众知情权，能够减少环境决策的"黑箱操作"，从而实现更有效的环境决策。事实上，在缺乏公众参与的情况下，环境决策容易被短期经济利益或特定群体利益所主导，从而忽视长远的生态价值和弱势群体的环境权益。公众对环境议题的参与，能够在决策过程中融入更多元的价值考量，防止决策偏向，确保绿色发展的公平正义。更为重要的是，环境参与权的行使过程，本身就是一个环境意识增强和责任意识培养的过程。通过参与环境决策，公众从被动接受环境政策逐渐转变为主动践行绿色生活，形成全社会共同推进绿色发展的强大合力。从公平的角度来考虑，不同社会群体往往具有差异化的环境权益诉求和价值偏好，需要平等表达自身环境权益诉求的机会和渠道，特别是弱势群体的环境权益诉求容易被忽视。保障这些群体的表达权，实现环境权益诉求的充分表达和有效整合，能够为绿色发展奠定民意基础。公众的环境权益诉求表达，也能够为政策制定提供重要参考。现实中绿色发展政策从制定到落实，往往存在执行不力、打折扣等问题。有限的环境执法力量难以覆盖所有污染源和生态风险点，导致环境违法成本低、违法行为屡禁不止。而公众的环境监督作为对正式执法的重要补充，能够显著扩大监督覆盖面，提高违法成本，解决环境执法的"最后一公里"难题，确保绿色发展政策落地见效。而且公众监督具有持续性和稳定性特点，不会随着政府工作重点的变化而大幅波动，能够形成对环境保护的长期关注和持续推动，防止"一阵风"现象和治理成果反复，成为绿色发展长效机制的重要保障。

## 三　绿色发展的转型路径

### （一）产业结构绿色转型升级是关键着力点

环境问题与经济发展存在高度的相关性，传统工业文明下经济活动强度决定对环境的影响与压力程度，而产业结构则是决定经济活动强度及其对资源环境影响的核心因素。产业结构本质上是资源要素的配置系统，也是"污染物产出控制体"，其偏离最优状态将导致资源利用效率低下。[①] 要素禀赋结构决定产业技术结构，而不同产业的污染强度差异又会影响要素禀赋结构，要素禀赋结构的构成与变动是决定资源环境压力的核心要素。[②] 不同产业对能源、原材料的需求及污染物排放强度存在显著差异。具体而言，第二产业特别是重化工业往往具有高耗能、高污染的特征，而服务业和高技术产业则表现出低耗能、低污染的特点。其中，重化工业单位产值的耗能和污染物排放量远高于服务业和高技术产业，污染行业占比高的产业结构会显著强化"结构效应"，导致环境压力倍增，而战略性新兴产业则能通过技术替代降低单位耗能。因而，产业结构绿色转型升级是摆脱资源环境约束，进而推动绿色发展的关键着力点，这主要体现在两个方面。

一方面，传统产业绿色转型对实现绿色发展具有关键性作用。从产业规模视角来看，传统产业在我国国民经济中仍占据着主导地位，是资源消耗和环境污染的主要来源。如果不实现传统产业的绿色转型，则无法从根本上解决资源环境压力问题，绿色发展就会成为无源之水。传统产业的绿色转型通过从源头上减少污染物排放和生态破坏，采用先进的环保工艺和设备，建立健全污染防治体系，有效控制各类污染物的产生和排放，改善环境质量，保护生态系统。此外，通过传统产业的低碳转型，大幅降低化石能源消耗和减少温室气体排放，对如期实现碳达峰、碳中和具有决定性作用。

另一方面，加快培育绿色产业对实现绿色发展具有战略性作用。绿色产业是推动经济绿色转型的重要载体。培育壮大以新能源为代表的绿色新兴产业，能有效降低传统高耗能、高污染产业的比重，推动产业结构向低碳化、循环化方向转变。同时，绿色产业的发展也能带动相关配套产业的绿色升级，形成完整的绿色产业链，实现整体产业生态的绿色转型。更为关键的是，从全球发展趋势来看，绿色产业已成为国际竞争的重要领域。在全球应对气候变化的背景下，发展绿色产业不仅是履行国际环保职责的需要，也是增强国际竞争力的重要途径。加快绿色产业发展，可以在全球绿色经济转型中抢占先机，增强产业国际竞争力。

---

① 张倩、邓祥征、周青：《城市生态管理概念、模式与资源利用效率》，《中国人口·资源与环境》2015 年第 6 期。

② 王勇、陈诗一、朱欢：《新结构经济学视角下产业结构的绿色转型：事实、逻辑与展望》，《经济评论》2022 年第 4 期。

### （二） 能源结构绿色低碳转型是重要基础

从能源与经济社会发展的基础关系来看，能源是人类社会发展的物质基础和动力来源。纵观人类文明史，每一次重大的能源革命都推动了生产力的跨越式发展，带来了社会生产和生活方式的深刻变革。工业革命以来，化石能源的大规模开发利用支撑了现代工业文明的发展，但同时带来了气候变化等全球性环境问题。从碳排放占比来看，能源活动是温室气体排放的主要来源。这意味着，如果不能实现能源领域的绿色低碳转型，就无法从根本上解决气候变化问题。能源结构绿色低碳转型，直接关系到全球气候治理目标的实现。①

作为支撑经济社会发展的基础性系统，能源结构的深度调整正在引发产业演进的多维连锁反应。这种变革不仅限于能源领域本身，更通过产业网络的传导机制重构整体经济生态。这首先表现在新能源技术的突破性进展正在重塑产业生态。以光伏、风能、氢能为主导的清洁能源体系快速发展，从材料研发到装备制造再到终端应用的全链条联动，正在催生万亿级产业集群。电动汽车产业的蓬勃发展不仅重构了传统汽车制造格局，更在电池技术、智能控制系统等领域形成了完整的配套产业链，衍生出新型能源服务、智能交通管理等跨界融合业态，为经济高质量发展注入了持续动力。

传统能源体系的低碳化改造也在开启工业转型新路径。通过应用超低排放、碳捕集与封存等前沿技术，化石能源产业正加速向高效集约方向转型。以煤气化多联产技术为代表的革新实践，推动传统煤化工向高端材料制备领域延伸，同步带动环保设备研发、智能监测系统等关联产业升级，构建覆盖能源生产全周期的绿色技术体系。而当前正在兴起的智能能源网络构建催生了数字经济新增长极。深度融合信息技术的能源物联网系统，通过数字化手段优化能源配置，其中的分布式架构打破了传统集中供能模式，推动形成了多元主体参与的能源交易市场。这种变革不仅促进能源供需模式的智慧化转型，更在数据管理、智能算法等领域培育出新兴技术服务产业，为数字经济发展开辟全新空间。

---

① Haoxuan Yu, Bodong Wen, Izni Zahidi, Ming Fai Chow, Dongfang Liang, and Dag Øivind Madsen, "The Critical Role of Energy Transition in Addressing Climate Change at COP28," *Results in Engineering*, 2024, 22, p. 102324.

### （三）绿色低碳技术创新突破是核心驱动力

从技术创新的基础理论来看，熊彼特创新理论强调技术创新是经济发展的根本动力。绿色低碳技术创新作为新一轮科技革命和产业变革的重要方向，通过突破性、引领性技术的创新，重塑了传统的生产方式和消费模式，是对传统高耗能、高污染生产方式的根本性变革[①]，为绿色发展提供了源源不断的动力。这种创新不仅包括技术层面的突破，还涵盖了与之相关的组织创新、制度创新和模式创新，形成了系统性的创新发展格局。

从创新链条的角度来看，绿色低碳技术创新具有显著的引领和带动作用。一方面，基础研究层面的突破为绿色发展奠定科学基础。新能源材料、碳捕集与封存、氢能技术等基础科学领域的创新突破，拓展了绿色发展的技术边界。光伏电池转换效率的提升、新型储能材料的开发、碳减排技术的革新等，都源于基础研究的持续突破。这为绿色技术的产业化应用提供了重要支撑。另一方面，应用技术创新推动绿色解决方案的落地。通过工程化、产业化技术创新，将科研成果转化为实际生产力。清洁能源技术的创新降低了可再生能源的开发利用成本，节能技术的创新提高了能源资源利用效率。

从产业带动效应来看，绿色低碳技术创新是产业转型升级的催化剂。[②] 其一，培育新兴产业。通过技术创新催生了新能源、节能环保、新能源汽车等战略性新兴产业，形成了新的经济增长点。其二，改造传统产业。通过技术改造提升传统产业的能效水平，推动了传统产业绿色化、智能化转型。其三，优化产业结构。通过技术进步推动产业向价值链高端攀升，促进了产业结构向绿色低碳方向优化。其四，创新商业模式。通过技术创新催生了合同能源管理、环境第三方治理等新型商业模式，激发了市场活力。

从长远发展来看，绿色低碳技术创新对实现绿色发展、人与自然和谐共生的

---

[①] 江鑫、胡文涛、许文立、李光龙：《政府绿色采购如何激发企业绿色创新活力》，《数量经济技术经济研究》2024 年第 11 期。

[②] Manli Cheng, Junbo Wang, Shanlin Yang, and Qiang Li, "The Driving Effect of Technological Innovation on Green Development: From the Perspective of Efficiency," *Energy Policy*, 2024, 188, p. 114089.

现代化具有重要意义。绿色低碳技术创新有助于突破资源环境约束，实现经济社会可持续发展。绿色低碳技术创新为经济发展开辟了新空间，使得在资源环境约束下实现持续发展成为可能。光伏发电技术的突破带来了太阳能利用成本的大幅下降，为能源供给开辟了新途径；而工业废水零排放技术的创新则显著提升了水资源的循环利用效率。此外，绿色低碳技术创新正在重塑生产生活方式，推进生态文明建设。在生产方式方面，清洁生产技术推动了工业生产过程的绿色革命，绿色农业技术促进了农业生产方式的生态化转型。在生活方式方面，新能源汽车技术改变了传统出行方式，绿色建筑技术创新了居住消费模式。绿色低碳技术创新也为应对气候变化挑战、保障全球生态安全提供了关键支撑。在全球气候治理背景下，绿色低碳技术创新发挥着决定性作用。

### （四）绿色消费模式培育推广是内生动力

从消费理论的基本原理来看，消费是经济循环的终点，也是起点。马克思主义政治经济学理论指出，生产决定消费，消费反作用于生产。绿色消费作为一种新型消费模式，是缓解环境压力、促进可持续发展的必然选择。[1] 其通过消费者偏好的转变和市场需求的引导，能够从需求端推动生产方式的绿色转型，形成绿色发展的内生动力机制。这种动力机制的内生性主要体现在以下几个方面。

从消费市场的引导效应来看，绿色消费需求的增长对推动绿色产品供给具有显著的积极影响。随着消费者环保意识的增强和对绿色产品好感度的提升，企业会加大在绿色产品研发和生产方面的投入力度，以满足市场需求。同时，绿色消费市场规模的持续扩大为企业提供了经济激励，促使其积极开展绿色技术创新和工艺改进。此外，绿色消费理念的广泛普及也增强了企业的环境责任意识，推动其主动承担更多的环境社会责任。最终，消费者绿色消费习惯的逐步养成将带动整个产业链上下游企业协同开展绿色转型，形成良性循环的发展态势。

从价格机制的调节作用来看，绿色消费通过市场机制在资源配置优化方面发

---

[1] Menghua Yang, Hong Chen, Ruyin Long, and Jiahui Yang, "How Does Government Regulation Shape Residents' Green Consumption Behavior? A Multi-Agent Simulation Considering Environmental Values and Social Interaction," *Journal of Environmental Management*, 2023, 331, p. 117231.

挥着重要作用。消费者对绿色产品的支付意愿增强，使企业能够通过价格溢价覆盖绿色生产的额外成本，从而增强了绿色生产方式的经济可行性。随着绿色产品市场竞争的加剧，企业在追求效率提升和规模经济的过程中不断降低生产成本。与此同时，不断增长的绿色消费需求也推动企业加大对绿色技术创新的投入力度，有效降低了产业绿色转型的整体成本。在这一系列市场机制的综合作用下，资本、技术、人才等要素自发向绿色产业聚集，推动了产业结构的优化升级。

从消费行为的示范效应来看，绿色消费模式的推广对社会产生了广泛而深远的影响。随着绿色消费理念在社会中不断传播和渗透，公众的环境保护意识显著增强，环境友好型的价值观逐渐深入人心。绿色生活方式的日益普及，使用环保购物袋、选购节能产品等绿色消费行为，通过同伴效应带动了更多消费者自发参与到绿色消费实践中。消费者在社交媒体和日常生活中分享绿色消费经验和环保知识，则进一步扩大了环保理念的传播范围和影响力。最终，绿色消费群体的不断壮大营造了积极向上的社会氛围，推动整个社会形成了崇尚环保、珍惜资源的主流价值取向。

从长期发展的机制构建来看，绿色消费通过自我强化的良性循环机制推动绿色发展持续深化。随着消费者环境意识的不断增强，绿色产品的市场需求不断增长，这促使企业加大对绿色产品的供给力度，推动绿色产业规模持续扩大。产业规模的扩大又进一步加快了绿色技术创新和进步，带来了绿色产品性价比的显著提升，从而吸引更多消费者加入绿色消费的行列。这种从消费端到生产端再反馈到消费端的良性循环机制，不仅确保了绿色发展的内生动力不断增强，也为经济社会的可持续发展提供了坚实的制度保障和发展条件。

# 四　中国对全球绿色发展的贡献与引领

## （一）切实落实《2030 年可持续发展议程》

在 2015 年第 70 届联合国大会上，习近平主席提出携手构建合作共赢新伙伴，同心打造人类命运共同体。这深刻影响着国际秩序变革方向。这突破了传统国际关系中的零和博弈思维，倡导以互利共赢为核心的合作范式，为破解全球治理难题开辟了新路径。其核心在于强调不同文明形态的共生共荣，与当今世界深度融合、多元互鉴的时代特征产生深层共鸣。作为全球发展进程的重要参与者，中国通过多维度的战略对接实现联合国2030年可持续发展目标与国内实践的有机衔接：在国家发展规划层面，将可持续发展原则深度融入五年规划编制实施过程之中；在具体政策执行中，依托科技创新赋能、城乡融合发展、区域战略协同等组合措施提升发展质量；在生态治理维度，通过建立碳市场机制、完善生态补偿制度、推广清洁能源应用等创新实践推进低碳转型。这种立体化的发展模式既体现了我国对全球发展承诺的切实履行，也为国际社会探索可持续发展路径提供了实践参照。

中国通过自身可持续发展实践为全球繁荣稳定作出了实质性贡献。从经济发展的角度来看，中国对全球经济稳定增长发挥了"压舱石"作用。作为世界第二大经济体，中国GDP总量超过130万亿元，连续多年对世界经济增长贡献率超过30%，尤其是在新冠疫情期间成为全球经济主要稳定器。[①] 此外，中国的发展实践展现了"共商共建共享"的全球治理理念，为其他发展中国家提供了多维度支持，体现了新型国际合作范式的创新实践。这种支持既有务实合作的具体举措，也包含全球治理的制度设计，形成了多层次、立体化的国际发展合作体系。在共建"一带一路"合作框架以及南南合作框架下，中国持续深化与发展中国家的经贸合作，为其发展提供了重要支持和助力。在贸易领域，中国持续扩大进口规模，尤其是大宗商品进口，并为最不发达国家提供零关税待遇，有效改善了这些国家的贸易条件并提高了其外汇收入。在投资方面，通过建设境外经贸合作区、开展产能合作、援建基础设施等方式，带动了当地制造业发展并促进了就业，推动了当地工业化进程。同时，中国还通过提供发展援助、开展技术合作和人才培训，帮助增强发展中国家的自主发展能力。这种基于平等互利原则的多层次、全方位合作，不仅改善了发展中国家的经济条件，也为其现代化进程提供了重要支持，展现了中国推动构建人类命运共同体的实际行动。

中国在减贫领域也创造了举世瞩目的成就，不仅提前10年实现联合国千年发展目标，对全球减贫贡献率超过70%，更重要的是探索出了一条具有中国特色的减贫道路。这条道路的核心特征包括建立精准扶贫工作机制、实施"两不愁三保障"帮扶标准、构建多元化社会保障体系、创新产业扶贫模式等。通过建立科学的贫困

---

① 《中国经济在全球疫情下领跑复苏》，https://www.gov.cn/xinwen/2021-03/03/content_5589999.htm，最后访问日期：2025年4月8日。

识别机制、完善帮扶体系、发展特色产业等实践，中国积累了丰富的减贫经验。这些经验通过南南合作援助基金、国际减贫培训项目等渠道转化为全球公共产品，截至2024年，中国国际减贫中心累计举办201期国际减贫培训，覆盖140个国家和地区，培训学员5477人。[①] 同时，中国在非洲、东南亚等地区建设农业技术示范中心、减贫合作村等实践基地。这些经验为其他发展中国家提供了可借鉴的政策工具箱，对全球减贫事业具有重要的示范意义，也为构建人类命运共同体注入了强大动力。

建设国家可持续发展议程创新示范区是中国践行可持续发展道路、破解当前全球性问题的"金钥匙"。《2030年可持续发展议程》通过后，国务院先后批准了三批共11个城市为创新示范区，聚焦各地不同的可持续发展瓶颈问题，因地制宜，带动区域经济、社会和生态环境协调发展，涌现出了众多可持续发展的典范城市。例如，山西省太原市作为中国重点的产煤城市，针对长期采矿导致的生态破坏问题，首创以地换绿的"二八政策"，本着"先绿化、后开发"的原则，建立将生态修复面积与返还建设用地面积挂钩的激励机制，即企业完成80%的生态修复面积，可以获得20%的开发用地面积。西山地区生态治理模式成为首批获批国家可持续发展议程创新示范区的重要支撑，在生态恢复的同时培育出休闲旅游等新经济业态，对太原市的资源型城市转型起到了带动作用。

## （二）积极应对气候变化并承诺实现碳达峰与碳中和

气候变化对人类社会的可持续发展构成了严峻挑战，而中国多年来积极应对这一问题。中国作出"将力争2030年前实现碳达峰、2060年前实现碳中和"的承诺具有重大意义。作为世界最大的发展中国家和碳排放国之一，中国的承诺不仅展现了负责任大国的担当，也为全球气候治理注入了强大动力。特别是在《巴黎协定》的全球温控目标面临挑战的关键时期，中国的承诺为全球气候治理增添了信心。这一目标的设定加速推动了国内经济发展方式转型和产业升级，通过大力发展可再生能源、优化能源结构、推进节能减排等措施，正在重塑中国的发展路径。同时，这也为其他发展中国家提供了在实现现代化进程中走低碳发展道路

---

① 《中国国际减贫中心2024年度国际减贫培训项目培训助理和研修班志愿者招募公告》，https://www.iprcc.org.cn/article/4HDFbU3W29m，最后访问日期：2025年3月9日。

的典范，证明了经济发展与应对气候变化可以协同推进。中国通过将承诺纳入国家战略规划体系、建立"1+N"政策体系等创新性举措，构建了自上而下的目标分解机制和责任落实体系，展示了将承诺转化为行动的坚定决心和制度优势。在具体实践中，中国已实施建立全国统一碳市场、实施能耗双控、推进清洁能源示范工程等一系列重大举措，充分展现了中国推进气候治理的行动力。这些努力不仅提升了中国在全球气候治理中的话语权并扩大了影响力，也推动了全球绿色技术创新和产业变革，为建立公平合理的全球气候治理体系、构建人类命运共同体作出了重要贡献。

在实践层面，中国通过一系列具体行动为全球气候治理作出了实质性贡献。在可再生能源发展方面，中国持续加大投资和政策支持力度。截至 2024 年 12 月底，中国风电装机约 5.1 亿千瓦、光伏装机约 8.4 亿千瓦，利用率保持在 95% 以上，均居世界首位。[1] 这不仅为国内能源转型提供了有力支撑，也带动了全球可再生能源产业链的发展和技术进步，有效降低了清洁能源的全球应用成本。在能源结构优化方面，中国严控煤电新增装机规模，大力推进煤电机组节能降耗改造和灵活性改造，探索应用 CCUS（碳捕集、利用与封存）技术，实现煤炭清洁高效利用。同时，通过实施可再生能源替代、提高天然气占比等措施，持续优化能源消费结构，推动能源低碳转型。2021 年 7 月，中国启动全国碳排放权交易市场，覆盖电力等重点行业 2000 多家重点排放单位，年碳排放量超过 40 亿吨，创建了全球规模最大的碳排放权交易市场[2]，为推动绿色低碳转型提供了有效的市场化机制。截至 2024 年底，全国碳排放权交易市场累计成交量 6.3 亿吨，成交额 430.33 亿元；2024 年全年成交量 1.89 亿吨，成交额 181.14 亿元，创历史新高。[3]

在产业生态重构进程中，中国正以系统性举措推动产业结构深度调整。针对传统工业领域，实施高耗能行业节能降碳改造工程，有序退出低效产能，构建资

---

[1] 《中国风光发电利用率保持 95% 以上》，《人民日报》（海外版）2024 年 12 月 16 日，第 2 版。

[2] 刘毅：《全国碳排放权交易市场将启动上线交易——选择发电行业为突破口》，《人民日报》2021 年 7 月 16 日，第 2 版。

[3] 阮煜琳：《2024 年全国碳市场总成交量超 1.8 亿吨 总成交额 181.1 亿元》，https://www.chinanews.com.cn/cj/2024/12-31/10345639.shtml，最后访问日期：2025 年 3 月 9 日。

源循环利用产业体系，实现产业基础高级化发展。同步布局新能源产业新赛道，在电动汽车、储能技术、氢能应用等前沿领域形成先发优势，结合数字经济赋能传统业态转型，重塑低碳导向的现代产业生态格局。当前，我国新能源汽车产销量连续多年居世界首位，氢能核心技术创新能力跻身全球第一梯队。技术研发维度持续强化基础研究投入，围绕可再生能源、节能技术、碳循环利用等关键领域构建产学研协同创新网络，形成光伏发电转换效率、特高压输电技术、智能电网调控系统等多项世界领先成果。这些实践不仅加速国内"双碳"目标进程，更通过技术标准输出与项目示范，为发展中国家能源转型提供可操作的解决方案。作为全球气候治理的重要参与者，中国正以持续创新的技术路径与务实合作的姿态，推动构建公平合理的国际气候治理体系。

### （三）为全球环境治理作出重要贡献

中国在绿色发展领域的探索与实践，既有效提升了本国生态环境质量，也为全球环境治理贡献了独特智慧。在制度构建层面，我国通过系统性改革创新，逐步形成生态文明建设的制度框架，构建了全球领先的生态环境保护制度矩阵，系统完善了涵盖环境影响评估、排污许可管理、生态环境损害赔偿等领域的制度设计，从而形成全链条闭环管理体系。值得关注的是，通过创新推行河湖长制，明确党政领导干部的生态治理主体责任，我国构建起省、市、县、乡、村五级联动的责任网络，有效化解了跨区域跨部门协同治理难题，为流域综合治理提供了创新范本。同时，我国大力推进的生态环境损害赔偿制度改革，确立污染主体责任追溯机制，以"环境有价、损害担责"原则构建长效治理模式，显著提升了环境治理效能。这些体制机制创新不仅助力了国内生态环境质量稳步提升，其蕴含的治理理念与制度设计，更为全球生态文明建设提供了具有参考价值的实践方案，彰显了中国特色社会主义制度的优势。

在污染防治领域的系统性治理实践方面，我国也取得了突破性进展。空气污染治理聚焦京津冀、长三角、珠三角等重点区域开展攻坚行动，在此过程中我国构建起协同治理体系，通过燃煤总量约束、产业结构优化升级、移动源污染管控等组合措施，实现了区域空气质量跨越式改善。其中，细颗粒物浓度连续下降，刷新全球大气治理效率纪录。水环境治理则创新实施流域管理模式，依托河湖长制责任体系构建起覆盖全流域的立体化治理网络，同步推进城市黑臭水体消除工程与乡村人居环境整治，最终形成源头管控、过程治理、终端修复的完整链条。在土壤安全领域，建立全国污染地块动态清单，推行耕地分类管控制度与建设用地环境准入机制，开创性构建污染耕地安全利用与修复技术体系。面对固废治理挑战，我国通过立法保障与技术创新双轮驱动，构建"无废城市"全生命周期管理体系，强化危险废物闭环处置能力，率先建立新型污染物风险防控机制。这些系统化解决方案不仅形成了具有示范价值的治理模式，更通过南南合作等渠道为发展中国家提供了定制化技术援助，彰显了中国作为全球环境治理参与者的实践智慧与行动力。

作为《生物多样性公约》的首批缔约方，我国持续深化生物多样性保护实践并取得重要成果。通过构建以国家公园为主体、以自然保护区为基础的自然保护体系，系统性整合优化生态功能区划，三江源国家公园、大熊猫国家公园等标志性工程实现跨区域生态廊道联通，我国为典型生态系统和珍稀物种提供了整体性保护网络。此外，我国大力推动物种保育领域创新，实施栖息地修复与生态廊道建设工程，通过野外种群复壮与人工繁育技术融合，推动大熊猫野外监测数量稳步增长，朱鹮野生种群实现从濒临灭绝到万只规模的跨越式发展，形成珍稀物种存续保护的示范模式。同步推进生物遗传资源系统保护工程，建成全球领先的种质资源保存体系，构建涵盖植物园、基因库、野外观测站的三维保护网络，将分子标记等前沿技术应用于濒危物种遗传信息保护。在国际合作维度，我国深度参与全球生物多样性治理体系重构，主导构建"一带一路"生态环保大数据服务平台，设立专项基金支持发展中国家能力建设，推动建立基于科学评估的跨境保护协作机制。这些系统性实践既筑牢本土生态安全屏障，更通过技术标准输出与治理经验共享，为全球生物多样性治理注入新动能，发挥了中国作为生态治理重要参与者的建设性作用。

## 五　结论

近年来，中国将绿色发展深度融入经济社会发展全过程。在绿色发展的价值取向上，中国始终坚持以人民为中心，将优美生态环境作为增进民生福祉的重要内容。为实现绿色发展转型，中国大力推动产业结构绿色转型升级，不断加快能源结构低碳转型，持续强化绿色技术创新，积极培育绿色消费模式等，逐步构建起绿色发展的长效机制。在此过程中，中国的绿色发展实践不仅改善了本国生态环境质量、提升了人民生活品质，也为全球环境治理提供了中国方案，为推动全球绿色发展进程作出了卓越贡献。中国不仅积极落实《2030 年可持续发展议程》，作出"将力争 2030 年前实现碳达峰、2060 年前实现碳中和"的承诺，还深度参与全球环境治理，展现了负责任大国担当。展望未来，中国将继续深化绿色发展转型，加强国际合作，为构建人类命运共同体作出更大贡献。

〔作者禹湘，中国社会科学院大学应用经济学院教授，中国社会科学院生态文明研究所研究员；胡文涛（通讯作者），中国社会科学院生态文明研究所助理研究员〕

（责任编辑：赵晓航）

# Journal of Chinese Modernization Studies

Founded in June 2025          Semiyearly          Vol. 1          **1**/2025

The Intrinsic Unity of Advancing Chinese Modernization and Building a Community with a Shared Future for Mankind

Wu Zhicheng & Liu Peidong / 1

**Abstract**: National governance serves as the foundation of global governance, while global governance provides external constraints and support for national governance. Essentially, the two form an interconnected and unified governance system. However, in the era of nation-states, a positive interaction between national and global governance does not arise automatically. The asymmetry in their respective demands has intensified contradictions, exacerbating governance deficits. In response to the contemporary challenge of fostering positive interaction between national and global governance, China upholds a holistic worldview and methodology oriented toward global well-being. It integrates national and global governance within the broader practice of advancing human progress, emphasizing the intrinsic unity of advancing Chinese modernization and building a community with a shared future for mankind. Advancing Chinese modernization is a practical necessity for national governance, while building a community with a shared future for mankind represents China's approach to improving global governance. China regards this community-building as an essential requirement of its modernization, thereby endowing national governance with a profound mission. Through the achievements of Chinese modernization, China deepens and substantiates the construction of this community, contributing its wisdom and strength to global good governance.

## Spiritual Motivation: The Chinese Communists' Spiritual Lineage and Chinese Modernization

Guo Hui / 15

**Abstract**: The Chinese Communists' Spiritual Lineage has developed throughout the historical evolution of the Communist Party of China (CPC), embodying profound and multifaceted historical significance. It spans all stages of Chinese modernization, including its foundational preparation, practical exploration, innovative advancement, and comprehensive expansion. It serves not only as the spiritual cohesion that unites the Chinese people under CPC leadership in advancing Chinese modernization but also as a source of motivation and strength for its continued progress. The Chinese Communists' Spiritual Lineage is characterized by a steadfast commitment to truth, adaptability to changing times, a people-centered philosophy, and a revolutionary spirit of sacrifice. These defining qualities have emerged across different historical periods of Chinese modernization and will continue to support its ongoing advancement. Guided by this spiritual lineage, the CPC leads the Chinese people in fostering a great spirit of creativity, perseverance, unity, and aspiration, working toward the full realization of Chinese modernization.

## High-Quality Population Development for Chinese Modernization: Connotations, Dimensions, and Pathways

Lu Jiehua / 29

**Abstract**: High-quality population development aligns with the fundamental national reality of China's large population size in the process of Chinese modernization. Within the context of advancing Chinese modernization, high-quality population development aims to cultivate a modernized human resource base characterized by high quality, sufficient size, optimized structure, rational distribution, and long-term balance. It seeks to guide population development toward a new stage of high quality and dynamic equilibrium, featuring developmental drivability, adaptive flexibility, mutual coordination, forward-looking planning, and goal orientation. Currently, supporting Chinese modernization through high-quality population development involves five key aspects: promoting long-term population equilibrium, advancing equal access to public services, fostering high-quality economic growth, achieving harmony between humans and nature, and strengthening high-level technological innovation. These efforts aim to facilitate the synergy between holistic human development and Chinese modernization. Looking ahead, high-quality population development must a-dopt a systems thinking approach to designing reform pathways to better support Chinese modernization. Specific reform pathways include: establishing a new population development perspective and advancing comprehensive reforms; strengthening strategic coordination to optimize the overall layout of population development strategies in the new era; building an all-cycle, all-process, and all-population service and support system; upholding investment in holistic human development to stimulate the endogenous momentum of Chinese modernization; optimizing the allocation of public service resources to promote regional coordination among population, socioeconomic development, and environmental resources; and establishing a robust dynamic population monitoring and early warning system.

## Ecological Protection and High-Quality Development in the Process of Chinese Modernization: Insights from the Governance of the Yellow River

Zhao Kejin / 44

**Abstract**: Optimizing ecological protection and high-quality development in the Yellow River Basin is a crucial component of advancing Chinese modernization. As the mother river of the Chinese nation, ensuring ecological protection and high-quality development in the Yellow River Basin is a strategy of overarching importance to Chinese modernization. However, existing research tends to pit ecological protection against high-quality development, either overemphasizing ecological protection at the expense of development or prioritizing development while overlooking ecological considerations. Drawing on Xi Jinping Thought on Ecological Civilization as its theoretical foundation, this paper constructs an analytical framework for Yellow River governance. By empirically examining development strategies and practices in the Yellow River Basin since the founding of the People's Republic of China, this study explores pathways for modernizing the governance system. The findings reveal that optimizing ecological protection and high-quality development mechanisms in the Yellow River Basin hinges on institutional development. It is essential to promote institutional openness while enhancing the ecological system, continuously forging new institutional pathways to achieve high-quality development.

## Chinese Modernization and High-Quality Development of Foreign Trade: Theoretical Mechanisms and Practical Pathways

Yin Xiaopeng & Xiao Yixuan / 60

**Abstract**: This paper examines the relationship between Chinese modernization and the high-quality development of foreign trade. Beginning with an analysis of the current state of China's international trade in the new era, it clarifies the theoretical mechanisms through which international trade drives Chinese modernization, explores how Chinese modernization reshapes China's foreign trade paradigm, and proposes practical pathways for achieving a strong trading nation within this context. Findings indicate that China's international trade has made significant progress in goods, services, and digital trade, advancing Chinese modernization through mechanisms such as economies of scale, global competition, technology spillovers, and consumption upgrading. Meanwhile, Chinese modernization has also driven a paradigm shift in China's international trade, reshaping its competitive advantages, exports, and role in global rule-making. Amid profound adjustments in the global economic landscape and the rise of deglobalization trends, the connotations and characteristics of Chinese modernization offer new strategic guidance and development opportunities for the high-quality development of foreign trade.

## The Dynamic Holistic Approach to China's Social Development: Fundamental Connotation and Practical Pathways

He Xuesong / 77

**Abstract**: Strengthening social development is an inherent necessity of Chinese modernization. This paper critically reviews representative perspectives on China's social development and introduces the concept of dynamic holism. Dynamic holism emphasizes that social development must integrate both ecological and psychological dimensions. It is a process of dynamic evolution, gradual progress, and cumulative transformation. This framework consists of one central principle—people-centered development, two key objectives—a better quality of life and a resilient society, and five essential elements—well-being, structural optimization, psychological order, social governance, and social civilization. To further advance social development, it is crucial to address emerging societal trends, including the expansion of the middle-income group and rapid technological advancements. By leveraging systematic structuring, diversified pathways, and digital intelligence empowerment, China seeks to achieve a large-scale systemic leap in social development, providing a non-Western model for Global South nations.

## The Multiple Forms and Theoretical Interpretations of China's Agrarian Structure

Ye Jingzhong / 92

**Abstract**: The realization of Chinese modernization must address China's agrarian issues, establish a Chinese path for agrarian transition, and develop agrarian theories with Chinese characteristics. Therefore, the philosophy and social sciences must develop a clear understanding of China's agrarian structure. Currently, China's agrarian structure exhibits multiple forms. Modern, capitalist, and smallholder agriculture represent three typical modes of agricultural production. Contracting, transfer, and land rights confirmation form three typical arrangements of land tenure. Migration, being left-behind, and staying characterize three typical heterogeneous forms of the peasant population. In addition, rural society is represented by three typical forms: historical memory, hollowing-out, and rural revitalization. The five major theoretical frameworks—Marxism, substantivism, neoclassical and new institutional economics, the livelihood framework, and postmodernism and poststructuralism—each offer partial explanations for certain aspects of China's agrarian structure, yet none can independently account for its overall multiplicity. This limitation stems from both the inherent constraints of these theories and China's distinct national context. Therefore, China's philosophy and social sciences must develop an independent theoretical system that aligns with the overarching goal of Chinese modernization, corresponds to China's socio-historical context, and effectively explains its agrarian structure.

## The Core Essence, Transition Pathways, and Global Contributions of China's Green Development

Yu Xiang & Hu Wentao / 111

**Abstract**: Chinese modernization is a model of harmonious coexistence between humans and nature, with green development as its defining feature. China's green development is both a core component of its national strategic transformation and a key driver of global sustainable development. From a people-centered perspective, this paper systematically elaborates on the core principles of China's green development, emphasizing a development philosophy centered on the people and an implementation pathway driven by the people. Building on this foundation, the paper systematically analyzes four key transition pathways for green development: upgrading industrial structure through green transformation as a critical leverage point, transitioning to a low-carbon energy system as a fundamental pillar, achieving breakthroughs in green and low-carbon technological innovation as the core driving force, and fostering green consumption patterns as an endogenous impetus. China's contributions and leadership in global green development are reflected in three key areas: actively implementing the 2030 Agenda for Sustainable Development, addressing climate change through commitments to carbon peak and neutrality, and making significant contributions to global environmental governance. China's green development practices have not only improved its own environmental quality and enhanced people's quality of life but have also significantly advanced global green development.

**图书在版编目（CIP）数据**

中国式现代化研究. 2025 年. 第 1 辑：总第 1 辑 / 张
冠梓主编. -- 北京：社会科学文献出版社，2025.6.
ISBN 978-7-5228-5250-8

Ⅰ. D61

中国国家版本馆 CIP 数据核字第 2025Z9L486 号

中国式现代化研究 2025 年第 1 辑（总第 1 辑）

主　　编／张冠梓

出 版 人／冀祥德
责任编辑／庄士龙
责任印制／岳　阳

出　　版／社会科学文献出版社·群学分社（010）59367002
　　　　　　地址：北京市北三环中路甲 29 号院华龙大厦　邮编：100029
　　　　　　网址：www. ssap. com. cn
发　　行／社会科学文献出版社（010）59367028
印　　装／三河市东方印刷有限公司

规　　格／开　本：889mm×1194mm　1/16
　　　　　　印　张：8.75　字　数：147 千字
版　　次／2025 年 6 月第 1 版　2025 年 6 月第 1 次印刷
书　　号／ISBN 978-7-5228-5250-8
定　　价／98.00 元

读者服务电话：4008918866